의와 충효로 이어 온,

상주 검간 조정 종가

기획 경상북도 · 경북대학교 영남문화연구원 | **지은이** 김강식

경북의 종가문화 연구진

연구책임자 정우락(경북대 국어국문학과)

공동연구원 황위주(경북대 한문학과)
조재모(경북대 건축학부)

종가선정위원장 황위주(경북대 한문학과)

종가선정위원 이수환(영남대 역사학과)
홍원식(계명대 철학윤리학과)
정명섭(경북대 건축학부)
배영동(안동대 민속학과)
이세동(경북대 중어중문학과)

종가연구팀 김위경(영남문화연구원 연구원)
이상민(영남문화연구원 연구원)
이재현(영남문화연구원 연구원)
최은주(영남문화연구원 연구원)
황명환(영남문화연구원 연구보조원)
전설련(영남문화연구원 연구보조원)

축·간·사

경상북도에서 『**경북의 종가문화**』 **시리즈** 발간사업을 시작한 지 벌써 9년째가 되었습니다. 본 사업은 더 늦기 전에 지역의 종가문화를 기록으로 남겨 후세에 전해야 한다는 절박함에서 비롯되었고, 그간 많은 분들의 노고에 힘입어 어느새 51권의 책자가 발간되었습니다. 이러한 결실이 우리 지역을 알리는 문화자산으로 자리 잡아 가고 있어 300만 도민의 한 사람으로서 무척 보람되게 생각합니다.

경북은 한국 전통문화를 집적해 온 중심으로, 앞으로의 미래 정신문화를 선도할 정점에 자리 잡고 있습니다. 특히 옛것의 가치를 소중히 하는 전통문화의 중심에는 경북의 종가宗家가 있습니다. 우리 도에는 240여 개소에 달하는 종가가 고유의 문화를 온전히 지켜 오고 있어 우리나라 종가문화의 보고寶庫라고 해도 과언이 아닙니다.

하지만 최근 산업화와 종손·종부의 고령화 등으로 인해 종가문화는 급격히 훼손·소멸되고 있는 실정입니다. 이에 경상북도에서는 종가문화를 보존·활용하고 발전적으로 계승하기 위해 2009년부터 **'종가문화 명품화 사업'**을 추진해 오고 있습니다. 체계적인 학술조사 및 연구를 통해 관련 인프라를 구축하고, 명품 브랜드화하는 등 향후 발전 가능성을 모색하기 위해 다방면으로 노력하고 있습니다.

경북대학교 영남문화연구원을 통해 2010년부터 추진하고 있는 『경북의 종가문화』 시리즈 발간도 이러한 사업의 일환입니다. 도내 종가를 대상으로 현재까지 『경북의 종가문화』 시리즈 51권을 발간하였으며, 결과물은 관계 문중은 물론 일반인들로부터 큰 호응을 얻고 있습니다. 이들 시리즈는 종가의 입지조건과 형성과정, 역사, 종가의 의례 및 생활문화, 건축문화, 종손과 종부의 일상과 가풍의 전승 등을 토대로 하여 일반인들이 쉽고 재미있게 읽을 수 있는 교양서 형태의 책자 및 영상물(DVD)로 제작되었습니다. 철저한 현장조사를 바탕으로 하여 관련 분야 전문가들이 집필함으로써 알차게 내용을 꾸미는 한편, 개별 종가의 특징을 부각시키고자 노력하였습니다.

이러한 노력으로, 금년에는 『**영주 금계 황준량 종가**』, 『**안동 간재 이덕홍 종가**』, 『**상주 검간 조정 종가**』, 『**영덕 난고 남경훈 종가**』, 『**구미 용와 류승현 종가**』 등 5곳의 종가를 대상으로 시리즈 5권을 발간하게 되었습니다. 비록 시간과 예산상의 제약으로 말미암아 몇몇 종가에 한정하여 진행하고 있으나, 앞으로 도내 100개 종가를 목표로 연차 추진해 나갈 계획입니다. 이러한 시도는 종가 관련 자료의 기록화를 통해 종가문화 보존 및 활용을 위한 기초자료를 제공함은 물론, 일반인들에게 우리 전통문화의 소중함과 우수성을 알리는 데 크게 도움이 될 것으로 확신합니다.

한국의 종가는 수백 년에 걸쳐 지역 사회의 구심점이자 한국 전통문화의 상징으로서 역할을 묵묵히 수행해 왔습니다. 최근 유교적 가치와 문화에 대한 재조명이 활발히 이루어지고 있으며, 그 바탕에는 급격한 사회의 변화 속에서도 굳건하게 전통문화를 지켜 온 종문宗門의 숨은 저력이 있습니다. 이러한 전통을 이어받아 오늘날 경북의 정체성 확립은 물론, 미래지향적인 새로운 정신을 찾아 세계적인 정신문화로의 발전을 기대해 봅니다.

앞으로 경상북도에서는 종가문화에 대한 지속적인 조사·연구 추진과 더불어, 종가의 보존관리 및 활용방안을 모색하는 데 적극 노력해 나갈 것을 약속드립니다. 이를 통해 전통문화를 소중히 지켜 오신 종손·종부님들의 자긍심을 고취시키고, 나아가 전국의 종가를 연계하는 종가문화 네트워크 구축과 더불어 종가문화를 세계적인 명품 브랜드로 육성해 나갈 계획입니다.

끝으로 이 사업을 위해 애쓰신 정우락 경북대학교 영남문화연구원장님과 여러 연구원 여러분, 그리고 집필자 분들의 노고에 진심으로 감사드립니다. 아울러, 각별한 관심을 갖고 적극적으로 협조해 주신 종손·종부님께도 감사의 말씀을 드립니다.

2018년 11월

경상북도지사 이 철 우

지·은·이·의 말

삼백三白의 도시로 널리 알려진 경상북도의 상주는 유서 깊은 역사의 고장이다. 역사의 고장은 많은 인물을 낳았다. 그런 인물들로 인해 역사는 의미를 더해 나갔다.

경상도라는 이름은 경주와 상주에서 나왔다. 상주를 지리적 기준으로 이름 붙인 강이 바로 낙동강이다. 태백 황지에서 발원한 물줄기와 영주에서 흘러오는 내성천, 문경에서 흘러오는 영강, 그리고 군위에서 흘러오는 위천이 상주의 동쪽에서 만나 비로소 낙동강 700리의 시발점이 된다. 낙동강은 상주의 옛 지명 낙양의 동쪽에 위치한 강이란 뜻이다. 낙동강은 역사적으로 상주를 번성하게 만든 천혜의 자연환경이며, 문화적으로 상주를 살기 좋은 고장으로 만들어 준 문화 창출의 원천이다.

상주는 지리적 소통과 문화교류의 중심지로 거듭날 수 있는 조건을 갖춘 고장이다. 상주는 조선시대의 유교문화를 발전시켜 온 대표적인 고을이다. 이러한 유교문화의 구심점이자 전통문화를 오롯이 지켜 나가고 있는 곳이 바로 종가다. 그래서 종가는 뿌리이고 문화다. 이러한 종가는 사당을 갖추고 있으며, 불천위 제사를 모시고 있어야 한다. 아울러 종가를 일으켜 세운 학자와 관료가 있어야만 한다.

상주에서 풍양조씨의 가문을 일으킨 검간 조정은 영남의 유명한 선비 학자들로부터 사숙하면서 배웠고, 임진왜란을 당하여 분연히 일어나 의병 활동에 참여하였다. 조정은 의병대장을 보좌하여 군량과 무기를 조달하는 역할을 수행하였으며, 군무와 관련된 문서를 작성하고 일지 기록을 담당하였다. 특히 조정은 임진왜란 당시의 전쟁 상황을 일지 형식으로 자세하게 기록한 임진왜란 관련 기록으로 『진사일록』을 남겼다. 그는 의병 활동기에 직접 무기를 들고 싸우기보다는 상주, 함창, 문경 지역의 백성들을 보호하는 데 큰 역할을 하였다. 전쟁 후에는 관직에 나아가 공직을 엄격하게 수행하고 고향에 돌아와서는 학풍을 진작시킨 청렴한 선비였다. 검간 조정은 역사상 최대의 국난이었던 임진왜란 시기에 의병으로 활동하였고, 그의 의병 활동은 국난 극복에 큰 기여를 하였다.

오늘날 검간 조정이 남긴 유산들은 작게는 향토문화사에 정신문화를 남겨 그 생명이 지역사회를 살찌우고 있으며, 크게는 조선시대사 연구에 많은 자료와 원천을 제공하고 있다. 이런 자료들을 잘 보관하고 있는 공간이 검간 조정의 종가이다. 그런데 수백 년 동안 한 가문을 지켜 오는 것은 결코 쉬운 일이 아니다. 그런데도 종가는 묵묵히 이를 이어 왔다.

이런 종가를 찾아서 과거와 현재의 의미를 후세에 전하기 위한 의미 있는 작업에 발을 디딜 수 있는 기회를 준 정우락 선생님께 고마움을 전한다. 이렇게 지은이의 말을 쓰게 되니, 이 책을 쓰면서 도움 받았던 사람들이 떠오른다. 마지막으로 이 책을 집필할 수 있는 기회를 준 경상북도, 책을 쓰는 과정에서 많은 자료를 제공하여 준 경북대학교 영남문화연구원 종가연구팀에게 깊은 감사의 마음을 전한다.

2018년 11월

김강식

목 차

축간사 _003

지은이의 말 _007

1 입지 조건 형성 과정 _013

1 인문지리적 환경 _014

2 유교문화의 형성 _017

2 종가의 역사 _025

1 입향조의 입향 유래, 종가의 계보 _026

2 종가 형성의 역사적 과정 _034

3 종가 계승 인물의 행적 _049

4 종가 직계 후손들의 행적 _073

5 종가 인물들의 대표적 통혼권 _080

3 종가의 의례와 자료 _083

1 종가의 의례: 불천위 _084

2 종가의 가전家傳 음식 _106

3 화수회 · 계 등의 문중 조직 _111

4 종가 전승 문헌 자료와 선조 유품 _116

4 종가의 건축문화 _133

1 종택, 재실 _134

2 서원, 정자 등 건축물 _149

5 가풍 전승의 노력 _165

1 자부심으로 문중을 이끌어 가는 풍양조씨 사람들 _166

2 종가의 가풍 계승을 위한 노력 _171

참고문헌 _181

제1장

입지 조건 형성 과정

입지 조건
형성 과정

1 인문지리적 환경

조선시대에 양반들은 생활의 터전이자 수양의 공간인 주거지를 고를 때 자연과 인문적인 조건을 따졌다. 자연히 풍수지리風水地理에서 명당으로 여겨지는 자리를 선호하였다. 그들은 이렇게 터전을 잡고 난 후에는 오래도록 이곳에 거주하면서 지역문화를 창출하고 이끌어 나갔다. 지형적으로 상주는 북서로 백두대간 줄기가 이어지면서 속리산으로 우뚝 솟아 충북 보은과 경계를 이루고, 동으로는 낙동강 줄기가 휘돌아 예천·의성과 갈라 경계를 이루고 있다. 이처럼 상주는 서북은 산지여서 지세가 높고, 동남은 평평해서 들녘이 발달했다. 이에 산과 물과 들이 넉넉한 품으로 사람들을 끌어안았다고 알려져 있다. 풍양조씨의 조정종가가 있는 상주의 장천이 바로 이런 곳이라 할 만하다.

너른 들녘 덕분에 옛날부터 상주는 삼백三白의 고장으로 유명하다. 세 가지 흰 것이란 쌀, 곶감, 누에고치이다. 상주 쌀은 질이 좋아 조선시대에는 진상품이었다. 함창은 신라시대부터 명주 산지로 이름난 곳인데, 지금도 해마다 가을이면 명주장이 선다. 은척면 두곡리의 300년도 더 된 은척뽕나무는 이곳 누에치기의 오랜 역사를 입증해 준다.

역사적으로 상주를 살펴보면 6세기에 사벌주를 상주로 개창하면서 북방으로 진출하려는 신라의 주요 거점이 되었으며 신라 이래로 불교유적이 많이 조성되어 남아 있다. 상주 시내 왕산에는 석불상, 남산에는 천의天衣 자락 고운 천인상 부조가 있고 함창읍 증촌리에도 미륵으로 모셔지는 입불과 좌불이 있다. 남장동 남장사의 보광전과 관음전에는 조선시대 후기의 아름답고 화려한 목각탱이 있으며, 입구에는 우스꽝스런 장승이 있어 조선 후기 불교의 민중성과 친근성을 보여 준다. 화북면 상오리에는 보기 드물게 훤칠한 7층 석탑이 있으며, 인근에는 후백제의 견훤甄萱이 쌓았다는 견훤산성이 장대하게 남아 있다.

상주는 고려 1018년(현종 9)에 8목의 하나로 정해진 후, 조선 세종과 세조 연간에는 목사가 관찰사 또는 우도병마절도부사를 겸하기도 하였다. 상주는 화령·중모·단밀·산양·공성 등 7개의 속현을 거느린 정치·군사적인 대읍이었다. 조선 세종 때에는 경상도 감영이 설치되었는데, 여러 군을 아우르는 경상도의 명칭을 경주와 상주에서 한 자씩 따와서 지은 것을 보아도 상주의 비중을 짐작할 수 있다.

조선시대에 상주는 교통의 요지였다. 경상도에서 서울로 가려면 상주를 거쳐 충북 보은이나 괴산을 통해 가야 했다. 상주의 지리적 위치는 북쪽으로 조령에 가까워 충청도와 경기도로 통하고, 동쪽은 낙동강에 임해 있어 남·동쪽으로 김해·동래로 통하여 육운陸運이나 수운水運이 모두 남북으로 통하는 수륙교통의 요지였다. 팔방으로 통할 수 있어서 이동과 무역에도 편리하였다. 또 낙동강과 많은 지류, 공검지 등의 수자원을 이용한 농업도 발전하여 물산이 풍부하였다. 임진왜란 때 상주창에는 수십만 석의 곡식이 비축되어 있었다.

임진왜란 때 상주는 지리적으로 서울과 영남을 연결하는 영남 서북지방에 위치함으로써 충청도 및 경상우도와 밀접한 관계를 가지고 있었다. 이러한 지리적 위치로 인해 상주 지역은 임진왜란 때 일본군의 직접적인 침략을 당하여 혹독한 피해를 입기도 하였다.

2 유교문화의 형성

조선시대에 상주는 이름에 걸맞게 많은 인재를 배출한 곳이다. 영남학파의 중요한 맥을 잇는 우복 정경세鄭經世가 이 고장 사람이고, 뭍의 이순신으로 이름난 정기룡鄭起龍 장군을 비롯해 많은 의병장이 임진왜란 때에 일어선 곳이기도 하다. 상주는 아주 오래전부터 영남지방을 대표해 온 큰 고을이다. 인걸은 지령이라고 하였다. 큰 인물은 그만한 고장에서 배출된다는 말이다. 이러한 사대부의 전통은 낙동강 가의 양반 살림집인 양진당, 오작당, 대산루에 기품 있는 조형으로 구현되었다. 상주에는 구곡九曲 문화가 많다. 갑장산을 중심으로 한 구곡은 남계 강응철康應哲의 연악구곡, 취지재 조위경趙緯經의 운곡십영이 전해 오지만,

검간의 승장구곡은 자료의 소실로 전해 오지 않고 다만 곳곳에 각석된 흔적만이 남아 있어 안타까울 뿐이다.

조선 초기부터 상주는 중앙관료와 재지세력의 관계가 긴밀하였으며, 조선 후기에 서인 세력이 진출하여 있던 지역이었다. 조선시대에 상주는 남북분당 때에 남인의 입장을 견지하여 영남을 선도하는 위치에 있었다. 조선 후기에는 서인 세력이 진출하여 서인 세력과의 교류가 유지되었던 지역이었다.

15세기에 상주의 토성사족은 김씨 일문에 불과하여 읍격邑格에 비하여 상대적으로 열세였지만, 토성 이족吏族은 김·박·이씨가 향리 세계를 이끌고 있었다. 그러나 15세기에 이르러 다른 읍 출신 사족들이 계속 이주해 옴으로써 이족 세력은 위축되었다. 조선 초기 이래로 상주 지역에 이주해 온 대표적인 가문은 광주노씨, 장수황씨, 풍양조씨, 흥양이씨, 영산김씨, 진양정씨, 동래정씨, 남양홍씨, 청주한씨, 진양강씨, 순천김씨, 여산송씨, 옥천전씨, 신천강씨 등이다. 이들 가문들은 주로 혼인관계를 통해서 상주로 이주해 왔다. 이에 상주 지역에서도 16세기경이 되면 사족들이 향론을 주도할 수 있게 되었다.

재지사족이 이족의 영향력을 배제하고 그들 중심의 향촌지배를 실현시켜 나가는 과정은 유향소留鄕所의 조직, 향사당鄕射堂의 건립, 향안鄕案의 작성 등으로 나타난다. 상주 지역에서는 15세기 후반에 한순韓順에 의해서 향사당이 건립되었으며, 유향소는 15세기 초반에는 조직되어 있었을 것으로 보인다. 이것은 유향소를 바탕으로 하는 향사당이 15세기 후반에 건립되었기 때문이다. 한순의 선대는 여말 선초에 한철충韓哲沖이 상주로 낙향하여 상산 김씨와 혼인관계를 맺었다.

조선 전기에 재지사족의 향촌지배 기구는 중앙정부의 억압, 권력 교체 등으로 설치와 폐지를 거듭하였다. 상주 지역에서도 16세기 중반에는 유향소와 사마소가 같이 존재하기도 했다. 상주의 재지사족들은 16세기 이후에 그들 중심의 향촌지배를 확립하면서 향안을 작성해 나갔다. 상주향안의 작성은 16세기 중반 김미수金眉壽에 의해 처음으로 작성된 후 추록追錄이 계속되다가 임진왜란으로 소실되자, 1595년에 김연金鍊·김각金覺 등이 난전의 향안을 개수하여 구록舊錄이라 하였다. 여기에는 308명의 인물이 등재되어 있는데, 성관별로는 50여 성관이 등재되어 있다. 풍양조씨는 6명이 올라 있다. 16세기 중반에 상주 지역에 있던 명문사족이 거의 망라되어 있을 뿐만 아니라 상주를 본향·처향·외향으로 하던 재경관인在京官人도 포함되어 있다.

향안과 함께 16세기 상주 지역 지배세력의 성관姓貫을 확인할 수 있는 자료는 읍지의 인물조다. 상주에서 가장 오래된 읍지는 1617년에 이준李埈이 편찬한 『상산지商山誌』이다. 여기에는 15–16세기 상주 지역의 인물 181명이 올라 있다. 인물조의 인물들은 모두 향안에 등재되어 있는 인물들인데, 읍지 또한 향안과 마찬가지로 외가와 처가의 향중이면 모두 등재하고 있다. 풍양조씨 가문에서는 7명이 올라 있다.

16세기 중·후반에 상주 지역의 지배세력은 상주를 토착기반으로 하는 상산김씨, 왕조 교체기와 이후의 정치적 혼란기에 처향·외향을 따라 이주한 사족가문이었다. 이들은 혼인관계를 통해 상호 밀접한 관계를 맺고 있었다. 이들 인사들 가운데는 정승 등 최고의 관직자도 포함되어 있는데, 사림뿐만 아니라 훈구에 속하는 인사들도 포함되어 있었다. 상주 지역에서는 재경관료와 재지사족, 또는 사림과 훈구 세력 사이의 갈등관계를 찾아볼 수 없으며, 도리어 경재소京在所와 유향소를 중심으로 하여 상호 밀접한 관계를 유지하였다. 이 때문에 임진왜란 이후의 향안 작성에서도 경재소와 훈구 세력을 그대로 온존시키고 있다. 이런 점은 안동 지역과 차이를 보이는 것이다. 조선 중기 이래 상주목 장천에 세거해 온 풍양조씨 가문은 정경세, 이준 가문과 함께 상주 지역을 대표하는 사족의 위치를 차지하고 있었다.

상주 지역에서도 재지사족은 임진왜란을 거치면서 크게 성장하였다. 이것은 의병 활동을 통해서 향촌사회에서 기반을 마련하였기 때문이며, 아울러 류성룡柳成龍·김성일金誠一 등 동인 집권세력과의 밀접한 관계에서 크게 힘입었을 것이다. 류성룡은 1580년(선조 13)에 상주목사로 부임하여 향교를 중심으로 월삭행례月朔行禮를 시행하고, 각 면에 훈장을 두어 여러 가문의 젊은 선비들을 가르쳐 문풍을 크게 진작시켰다. 이때 상주 지역에서는 임진왜란 시기에 활동하였던 정경세, 조정, 이준 등이 류성룡과 학문적으로 관계를 맺었다. 이들은 임진왜란 시기에 상주 의병에서 주도적인 활약을 한 인물들이다. 이들은 류성룡과 학문적 연원관계를 형성함으로써 이후의 중앙정계 진출에 큰 도움을 받았다. 조정趙靖은 1570년 16세 때 한강 정구鄭逑 문하에서 가르침을 받았으며, 17세 때 류성룡을 만났고, 18세 때 학봉 김성일 문하에서 수학하였다.

상주 지역에서는 향안 조직을 통한 일향一鄕 범위에서의 향촌 지배와 함께, 거주 촌락을 중심으로 한 족계와 동계류가 16세기 후반에 실시되고 있었다. 한 예로 1566년 송량宋亮·노기盧驥 등이 낙사계洛社契를 조직하여 향음례를 행하고, 조약을 세워 풍속을 교화하고자 하였다. 이러한 동계는 사족의 촌락지배 조직으로 기능하였으며, 향안 조직 등 사족의 일향 지배를 실질적으로 가능하게 하는 바탕이 되었다.

16세기에 상주 지역의 사족은 향교와 서당 등 학교 조직을 통하여 그들의 근거지를 마련하고 있었다. 향교는 조선 초기부터 상주 지역에 설치되어 있었고, 서당은 1542년(중종 37)에 목사 신잠申潛에 의해서 상주 관내 17곳에 설치되었다. 16세기에 향교와 서당을 통한 성리학에 대한 이해의 증진과 전수 관계의 형성은 재지사족의 성장에 크게 기여하였으며, 중앙정치와 향촌사회에서 우위를 확보할 수 있는 바탕이 되었다.

학교 조직을 통한 재지사족의 성장은 16세기 중후반에 이르러 정치적 이해관계에 있어서 집단적인 유소儒疏를 가능하게 하였다. 1565년(명종 20)에 김우굉金宇宏·여응구呂應龜·조휘趙徽 등이 주축이 되어 작성한 「보우普雨를 참하기를 청하는 상소」에는 상주 지역 250명의 유생이 동원되었다. 이러한 집단적이고 조직적인 유소의 기능은 당시 향촌사회 지배세력으로서의 상주 지역 사족의 존재를 확인해 주는 것이다.

한편 재지사족의 향촌사회 지배질서는 향촌민과의 유대를 통해서 유지되었다. 16세기에 향촌민과의 유대를 보여 주는 대표적으로 주목되는 것이 향약의 시행이었다. 조선 중기에 행해진 재지사족의 향촌지배의 방향은 재지사족의 결속과 하층민의 지배에 있었다. 특히 하층민에 대한 노동력 확보는 재지사족의 경우에도 중요하였다. 이것이 향약류의 시행으로 나타났다. 때문에 향약류의 시행에서 주목할 점은 하층민의 존재를 부분적으로 인정하는 것이었다. 이러한 측면은 환난상휼을 강조한 조선 향약의 특징으로 나타났으며, 그것은 무엇보다도 사회 혼란기에 농민의 유리를 방지하기 위한 효과를 기대한 것이었다. 상주 지역에서는 임진왜란 이후 김혜金憲의 동약洞約이 시행되었으며, 조정趙靖의 향약도 주목된다.

조선 중기에 경상도의 재지사족들은 재지지주로서 많은 전토와 노비를 거주지를 중심으로 마련하여 확고한 재지적 기반을 가지고 있었다. 조선 전기부터 경상도의 재지사족들도 일찍부터 향촌사회의 주도권을 장악하는 한편 그들의 경제적인 토대를 지역에서 마련해 나갔다. 16세기에 이르러 본격화되는 지주제의 성장과 확대 속에서 재지사족들도 토지의 확장을 통해 경제적 기

양진당이 자리한
마을 전경

조정을 모신 사당

반을 광범위하게 구축하였다. 이러한 광범위한 토지 소유는 임진왜란 때 군량의 조달에도 크게 기여하였다.

대표적으로 상주 지역에서는 조정의 부父 조광헌의 경우, 16세기 중반에 처모妻母 부림홍씨로부터 노비 46명, 기와집 1채, 텃밭 25부, 밭 255부 5속, 논 394부 7속을 전수 받았으며, 조광헌의 장자 조정은 외조모 부림홍씨로부터 노비 3명, 논 22부를, 1593년 조정의 처 의성김씨가 모母 이씨로부터 밭 219부 9속, 논 119부 5속을 분급 받아서 상당한 경제적 기반을 가지고 있었다.

그리고 의병으로 활동했던 조정이 7남매에게 분재한 전민의 양은 노비 129명, 전 1,820부 4속, 답 1,699부 2속이었다. 때문에 임진왜란 당시 피난할 때 노비 50여 명을 거느리고 피난할 수 있을 정도로 경제적 기반이 상당하였음을 알 수 있다. 이처럼 상주 지역의 의병 지도부에 참가하였던 의병장들은 대부분 상당한 경제적 기반을 갖추고 있었던 재지 가문이었다.

제2장

종가의 역사

종가의
역사

1 입향조의 입향 유래, 종가의 계보

검간黔澗은 조정의 호이다. 그의 자는 안중安仲이며, 본관은 풍양豊壤이다. 이 가문의 시조 조맹趙孟은 고려 태조 때에 벽상공신壁上功臣이란 훈호勳號를 받고 관직은 문하시중 평장사를 지냈으며, 풍양부원군에 봉해졌다. 이후 그의 자손들이 풍양을 본관으로 하였다. 검간의 7대조 조숭은 조선 초기에 도평의사사가 되고 의주목사를 겸직하였는데, 이로부터 상주에서 살기 시작하였다. 그의 손자 조서정은 벼슬이 의정부사인으로 서울로 돌아가 살았다. 그 손자 춘천부사 조윤녕이 바로 검간의 증조이다. 사섬시직장인 조부 조희 대에 서울에서 상주로 복귀하였다. 부친 조광헌은 벼슬하지 않은 선비로서 효행으로 이름이 났으며 승정원좌승지를 증직받았다. 모친 남양홍씨는 찰방을 지낸 홍윤최의 딸이다.

일설에는 풍양조씨의 입향 유래에 대해서 다음과 같이 전해오는 이야기가 있다. "고려 말에 풍양조씨는 신돈辛旽의 환란을 피해 상주로 왔는데, 호군공의 묘소는 실전되고 아랫대 상의공이 상주 우리 조가의 입향조이다. 형제는 조사충趙思忠, 조사공趙思恭, 조신趙愼, 조임趙袵이 있었는데, 둘째 조사공이 신돈을 몰아내려고 하다가 실행 전에 발각되어 죽임을 당하고, 나머지 형제들이 뿔뿔이 헤어지게 되었다. 첫째 호군공은 상주로 와서 숨어서 지내다가 어디서 돌아가셨는지도 모르고, 셋째는 형제를 두었는데 맏아들하고 고성이씨 할머니하고는 춘천으로 보내고, 둘째 아들하고는 부여로 갔다. 이렇게 해서 우리 풍양조씨가 흩어지고, 넷째는 개성 쪽으로 피해서 갔다."라고 한다.

조선 중기 이래 상주목 장천長川(옛날 상주의 부곡)에 세거해 온 풍양조씨 상주파의 세계는 다음과 같다.

풍양조씨 세계도

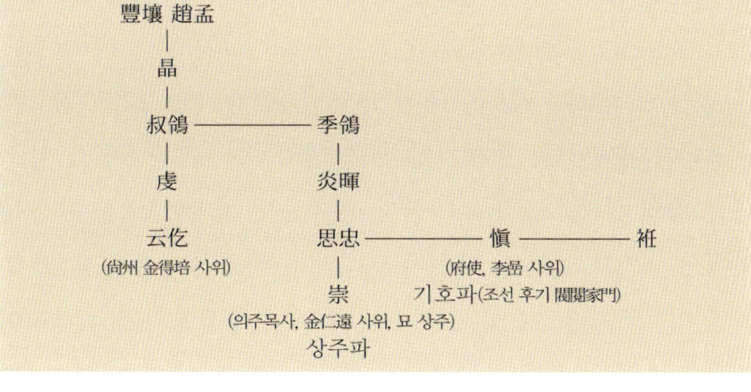

경기도 양주목 속현 풍양현豐壤縣의 유일한 토성土姓인 조씨가 상주와 인연을 맺은 것은 고려 말에 출세한 조운흘趙云仡이 상주 제일 토성이었던 김득배金得培(삼 원수元帥의 한 사람)의 사위가 되면서부터였다. 그의 친족이며, 역시 상주 김인원金仁遠의 사위가 되어 상주에서 정착한 조숭趙崇은 상주파의 입향조였다.

조숭趙崇－조하趙夏－조서정趙瑞廷－조회趙恢－조윤녕趙允寧(부사, 인동 장순손張順孫의 사위)－조희趙禧(직장直長, 남양 홍언경洪彦卿의 사위)－조광헌趙光憲(불사不仕, 남양 홍윤최洪胤崔의 사위)－조정趙靖·조익趙翊·조굉趙竑·조준趙竣 형제로 이어진 조씨 일문은 17세기부터 족세가 번성하여 정경세鄭經世, 이준李埈 가문들과 함께 상주 지역을 대표하는 영남학파의 일원이 되었다.

조광헌과 조정 부자 대에는 함창과 안동에 강력한 재지적 기반을 갖고 있던 홍윤최洪胤崔와 김극일金克一(김성일金誠一의 형)의 사위가 되어 각각 처가 재산의 상당량을 분급 받았다. 이러한 경제적 기반을 토대로 조정과 조익 형제는 뒷날 상주파의 세거지가 된 장천을 중심으로 동성촌을 형성하여 나갔다. 조선시대에 동성촌이 형성되는 흐름과 같다.

검간 조정(1555–1636)은 조선 1555년(명종 10) 8월 22일(이하 날짜는 음력)에 태어났다. 출생지는 서울 연지동이라고도 하고, 상주 동문 밖의 집에서 났다고도 한다. 연지동은 본가이고, 상주 동문 밖에는 외가가 있었다. 세월이 오래되어 어느 것이 옳은지 알 수가 없다. 1603년(선조 36) 진사進士, 1605년 증광문과에 급제하여 봉상시정奉常寺正에 이르고, 아들 조형원趙亨遠의 공훈으로 이조참판에 추증되었다. 그는 김성일金誠一과 정구鄭逑의 문하에서 수학하였으며, 임진왜란 때에는 아우 조익과 함께 상주와 함창 지역에서 의병 활동을 전개하였다. 그는 저 유명한 『임진일기壬辰日記』를 남겼다.

이 가문은 본래 서울의 연지동 소재 본가와 상주 동문 밖 소재 외가를 오가다가 조정 형제 대에 이르러 장천을 중심으로 광대한 농장과 많은 노비를 소유하게 되었다. 현재 조정의 후손이 소유하고 있는 고문서 가운데 조광헌－조정－조기원－조예趙秇 4대에 걸쳐 작성된 16-17세기의 분재기分財記를 통해서 이 가문의 재산 유래와 규모를 살필 수 있다. 명종 말과 선조 초에 작성된 것으로 추정되는 조광헌의 분재기에 따르면, 조광헌의 처 남양홍씨가 친정으로부터 상속받은 재산은 기와집 1채, 노비 43구, 밭 120두락, 논 150두락이었다.

1593년(선조 26) 그의 아들 조정은 안동부 천전리 소재 처가로부터 밭 6석 13두 7승락지, 논 3석 4두 5승락지, 정확한 수를 모르는 수의 노비를 상속받았다. 1621년(광해군 13) 조정 남매화회문기와 1640년(인조 18)에 작성된 조정의 자녀분재기에 따르면, 이 가문이 소유한 재산 규모는 실로 엄청나게 많았다. 이러한 가옥, 노비, 토지는 조상의 내·외변으로부터 전승된 것, 처변 및 당대에 구매했거나 개간과 입안立案 등에서 유래하였다. 17세기 전반까지는 가옥·노비·토지는 소재지가 기호지방과 상주·안동 지역에

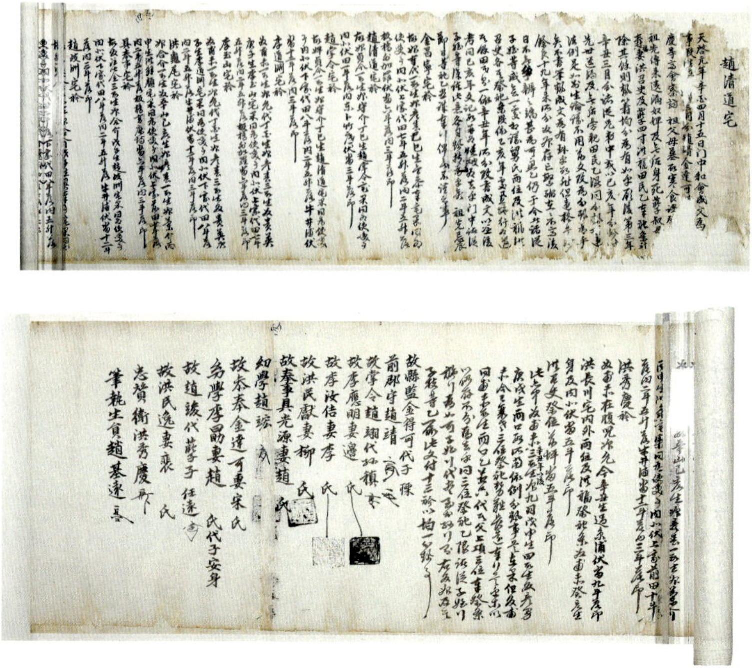

천계원년 신유사월 십오일 문중 화회성문(상주박물관 제공)

분포되었다. 18세기부터는 외지 전민田民은 정리되거나 유실되었으며, 주로 거주지인 상주권에 모여 있었다.

조정 가문이 상주 지역을 대표하여 강력한 향권을 발동하고, 영남의 유소儒疏가 있을 때마다 50-60명 내지 100여 명의 소유疏儒를 차출할 수 있었던 것도 바로 이러한 사회적·경제적 기반이 있었기에 가능했다.

검간 조정 묘소

검간 조정의 묘재인 영효재

조정 묘비

양진당은 경술국치 후 일제강점기인 1920년부터 4년간 조명강습소로 활용되었다. 또 해방의 혼란기를 거치고 6·25 전쟁 때는 불탄 낙동초등학교의 임시교사로 활용되기도 하였다. 그러나 1966년의 대홍수 때 침수되어 건물이 정침만 남고, 사랑채 등은 모두 허물어져 버렸다. 1979년부터 1981년까지 정부 보조 3천만원, 종가에서 3천만 원을 내어 정침을 중수하였다. 그리고 2005년에는 1966년 홍수 때 유실된 사랑채가 있던 자리에 대문채를 복원하고, 사당 등도 복원하였다. 자손가의 염원은 99칸을 완전 복원하는 것이다.

검간 조정의 종손은 현재 서울에 있다. 어느 종가나 종가를

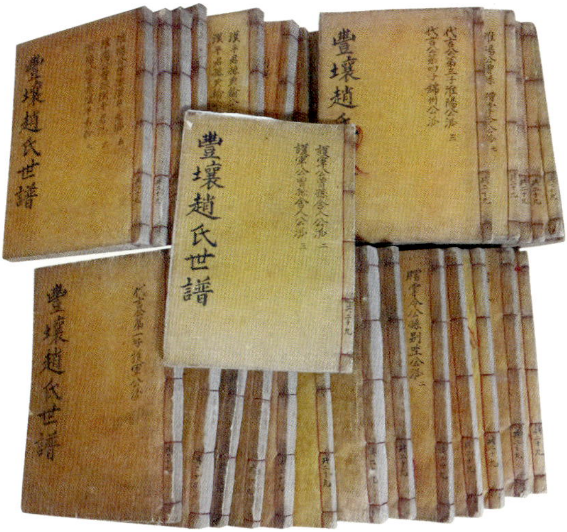

『풍양조씨세보』

보존하고 있는 집은 극히 드물다. 검간 12대손이 양진당을 떠나 상주 읍내로 이사하여 우거하게 되었으며, 그 후에 12대 종손과 14대 종손이 양진당으로 돌아와 살지 않고 계속 도회지에 나가 살게 되었다. 그러한 연고로 해방 이후부터 지금까지 자손가에서 계속 양진당을 관리·운영하고 있다. 자손 대대로 종택을 물려주기 위해 건물 등기를 종중으로 해 뒀다고 한다.

2 종가 형성의 역사적 과정

1) 검간 조정

(1) 조정의 생애

검간 조정(1555~1636)은 장년기에 임진왜란이라는 전대미문의 전란을 몸소 겪었고, 전쟁 뒤의 극복 과정에서는 처사處士로서의 삶과 벼슬살이를 거듭하면서 광해군의 난정과 인조반정이라는 거친 세월을 꿋꿋하게 살아간 선비였다.

검간이라는 호는 1591년 부친의 상을 마치고 집으로 돌아와서 스스로 지은 것이다. 부친의 묘 아래에 있는 작은 하천 이름인 검천黔川에서 따온 것이라 한다. 검간은 부친의 묘가 있는 곳을 차마 잊을 수 없다는 뜻이며, 검黔은 검儉과 통하므로 화려하지 않고 검약함을 취하려는 뜻도 있었다.

검간 조정은 1555년(명종 10) 8월 22일에 태어나 1636년(인조 14) 7월 21일 82세의 나이로 돌아갔다. 조정의 어릴 적 이름은 물단개라고 알려져 있기도 하며, 자는 안중, 호는 검간이다. 검간은 본가인 한양 연지동에서 태어났다고도 하고, 외가인 상주 동문 밖 사저에서 태어났다고도 하지만 정확히 전해지는 것은 없다. 검간은 11세인 1565년까지 서울에서 성장하다가, 그해 9월에 조부를 따라서 상주로 내려왔다. 당시에 임금의 외척이 정권을 농단하였고, 요승 보우普雨가 세상을 어지럽히므로 상주로 이주한 것이라고 한다.

병자호란이 발생한 1636년 82세로 서거하였다. 증광문과에 오른 후 호조좌랑, 사헌부감찰, 청도군수, 형조정랑, 춘추관편수관, 사섬시정을 지냈다. 1627년 1월 정묘호란 때 강화 행재로 왕을 호종하였고, 그해 9월에 봉상시정에 제수되었다. 봉상시정 임기가 만료될 때 관례에 따른 통정대부 승진을 마다하고 낙향하였다. 사후에 아들 조형원趙亨遠의 공훈으로 이조참판에 추증되었다. 속수서원과 장천서원에 봉안되었다.

검간의 조부는 조희인데 사섬시직장으로 한양에 살다가 다시 상주로 돌아와 은거하였다. 그의 아버지는 조광헌으로 실천유학에 정진하여 효행이 뛰어나 뒤에 승정원좌승지에 추증되었다. 어머니는 남양홍씨로 찰방인 홍윤최의 딸이다. 검간의 선대가 상주에 정착한 것은 그의 7대조인 조승부터 시작되었다고 하며, 그다음 조상들은 한양에서 살기도 하였다.

검간의 처가는 같은 사족인 의성김씨로, 그의 처는 약봉藥峯 김극일金克一의 딸이다. 따라서 학봉鶴峯 김성일金誠一은 처삼촌이 된다. 김성일은 임진왜란 당시 경상우도관찰사와 병마사로 재직했는데, 상주는 경상우도 관할 지역이었다. 그때 검간은 상주 의병 지도부에 있었으므로 군량이나 병기를 확보하기 위하여, 가끔 학봉을 찾아가 그의 도움을 받아 상주 지역 의병을 꾸려 나갔다. 다른 지방에 비하여 상주 지역 의병이 관군과 비교적 우호적일 수 있었던 배경은 이러한 관계가 상당히 작용했을 것으로 생각된다.

창석蒼石 이준李埈은 검간의 부父 조광헌趙光憲 「묘갈명墓碣銘」에서,

> 우리 고향에 문벌이나 가성家聲으로 현저한 가문이 한 성씨만은 아니지만, 효근孝謹한 행실로써 가문의 구업舊業을 계승하여 후손들을 유복하게 한 사람으로는 반드시 고故 향부鄕夫 조공趙公을 으뜸으로 추대해야 할 것이다.

라고 하였다. 어머니는 남양홍씨 찰방 홍윤최洪胤崔의 따님인데, 1555년(명종 10) 8월 22일 한양 연지동(일설, 상주 동문 밖 외가)에서 검간을 낳았다.

검간은 슬하에 5남 2녀를 두었다. 장남은 초은樵隱 조기원趙基遠(1574-1652)인데, 생원으로 천거되어 황간현감에 이르렀다. 수

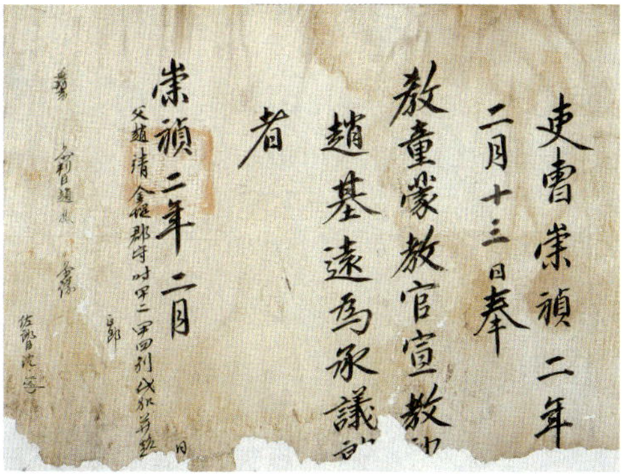
吏曹崇禎二年
二月十三日奉
敎童蒙敎官宣敎郎
趙基遠爲承議郎
者
崇禎二年二月

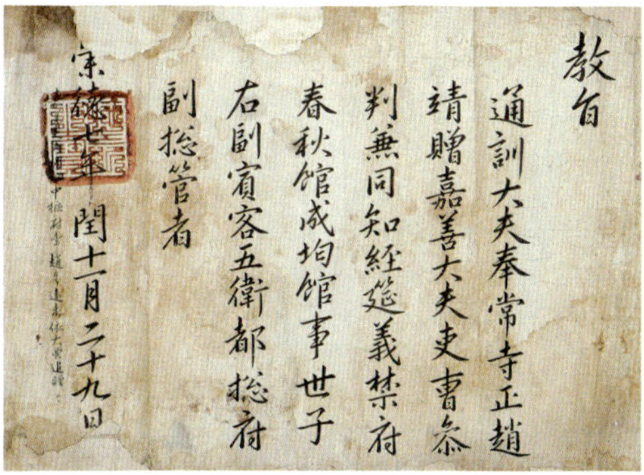
敎旨
通訓大夫奉常寺正趙
靖贈嘉善大夫吏曹參
判兼同知經筵義禁府
春秋館成均館事世子
右副賓客五衛都摠府
副摠管者
崇禎七年閏十一月二十九日

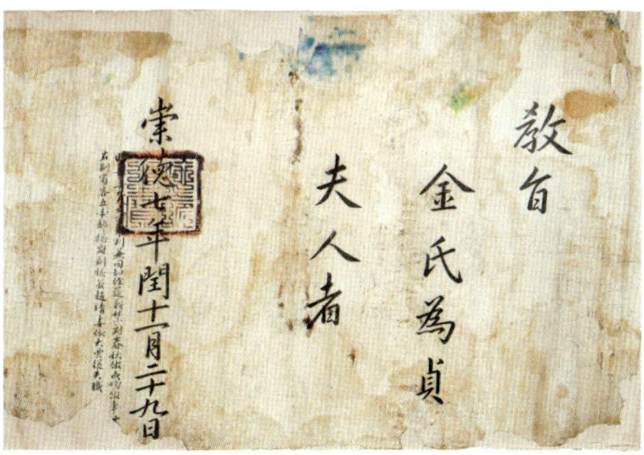
敎旨
金氏爲貞
夫人者
崇禎七年閏十一月二十九日

(위에서부터) 조기원 승의랑 교첩, 조정 증가선대부 이조참판 교지,
조정 처 김씨 증정부인 교지(상주박물관 제공)

암修巖 류진柳袗이 자신에게 자문해 오는 선비들에게, '조 황간趙黃澗에게 물어보라.'고 할 정도로 중망을 얻었다. 배위인 신평이씨는 을사명현乙巳名賢 사인舍人 이천계李天啓의 손녀로 2남 6녀를 두었다.

차남은 유담儒潭 조영원趙榮遠(1577–1640)이니 종사랑이요, 배위는 연안이씨 이숭李嵩의 따님으로 3남 3녀를 두었다. 3남 조홍원趙弘遠(1583–1609)은 재능이 특출하여 진사시에서 장원을 하였으나 요절하였고, 배위는 여산송씨 진사 송광국宋光國의 따님으로 1녀를 두었다.

4남 조형원趙亨遠(1585–1643)은 무과에 급제하여 군수·진장 등을 역임하였고, 병자호란 때는 부친의 상중에도 나라의 명으로 전장에 나아가 공을 세워 가선대부 동지중추부사同知中樞府事가 되었다. 배위 경주이씨는 직장 이약李耀의 따님으로 계자繼子와 1녀를 두었고, 후배 의령남씨는 판서 남선南銑의 따님으로 2남을 두었고, 삼배 경주이씨는 진사 이신덕李慎德의 따님으로 1남을 두었다.

5남 병록屛麓 조흥원趙興遠(1596–1653)은 효행이 특출하여 『상산지商山誌』에 효자로 방명을 남겼다. 배위 흥양이씨는 부제학 창석蒼石 이준李埈의 따님으로 1남 1녀를 두었고, 후배 초계변씨는 변욱卞昱의 따님으로 1남을 두었다.

장녀는 진성인眞城人 퇴계의 증손인 참봉 이기李岐에게 출가하여 2남 3녀를 두었다. 차녀는 동래인 참봉 정영후鄭榮後의 아들인 참봉 정위鄭㥜에게 출가하여 4남 1녀를 두었다. 손자 이하의 친손, 외손이 번성하고 현달한 이도 많이 나왔다.

(2) 조정의 주요 활동

검간 조정의 일생을 살펴보면 네 시기로 구분할 수 있다. 수학과 학문 정진 및 유림 활동, 임진왜란기의 의병 활동, 관직생활 중의 업적, 고향에서의 향풍 진작이 그것이다. 이 가운데 임진왜란기의 의병 활동은 별도로 살펴보기로 한다.

첫째, 수학과 학문 정진 및 유림 활동이다. 검간은 소년 시절 가정에서의 학습을 토대로 하여, 16세 이후에 한강 정구, 서애 류성룡, 학봉 김성일에게서 고루 배웠다. 이 가운데 가장 뒤에까지 살았던 한강과의 교유가 오래 지속되었던 것은 당연한 일이다. 검간의 일생을 추모하는 행장이나 행적 등의 글에는 학봉의 영향을 크게 받았다는 기록이 강조되어 있다. 특히 임진왜란 중의 기록인 『진사일록辰巳日錄』에는 학봉에 대한 무한 존경과 의지가 보인다. 그러나 그 뒤에 서애와 한강과의 교유 또한 오래도록 지속하였던 것도 눈여겨봐야 한다.

둘째, 관직생활 중의 업적이다. 과거 급제가 늦었던 검간은 문음門蔭으로 벼슬을 시작하였다. 그가 지냈던 벼슬 중에서 내직은 초기의 광흥창부봉사, 군기시주부와 두 차례의 호조좌랑, 사헌부감찰, 예조좌랑, 그리고 뒤늦게 받은 형조정랑, 통례원상례, 내섬시정, 봉상시정 등이다. 광흥창 군기시 등은 나라의 재물을 다

루는 관청이다. 검간의 엄정한 성품과 직무 처리는 오죽장이라는 별명이 대변한다. 엄정한 직무 자세는 뒷날 거친 내섬시와 봉상시 근무에서도 빛을 발하였다.

검간의 역량은 내직보다 외직에서 빛났다. 그가 겪은 외직은 대구판관, 경주교수 겸 제독관, 해남현감, 공홍도도사, 청도군수, 김제군수 등이다. 대구판관 때에는 진주의 옥사를 엄정하게 처리한 적이 있었고, 경주교수로서는 큰 고을의 학관으로서 사풍의 진작에 주력하였다. 토호가 많았던 전라도 해남과 김제에서는 민생의 안정을 도모하였고, 경상도의 척박한 청도에서는 향풍의 진작에 심혈을 기울였다. 검간은 74세에 이르도록 벼슬하였다.

셋째, 고향에서의 향풍 진작이다. 고향으로 돌아온 1606년 검간은 52세였다. 그는 정경세, 송량, 이전, 이준, 김각 등 고향의 선비들과 함께 도남서원 건립을 추진하였다. 이들은 임진왜란 중에 상주 지역에서 의병 활동에 적극 참여하였던 사람들이었다. 검간은 도남서원의 초대 원장으로서 서원의 건립과 규칙 제정에 진력하였다. 이와 더불어 그가 앞장서서 시행한 향약의 실천은 임진왜란 뒤 상주의 사풍을 진작시켜 지역사회의 민심 안정과 더불어 지역문화를 정신적으로 고양시킨 크나큰 업적이었다. 후진 교육에 힘쓰고, 이를 통하여 민심의 안정을 도모하는 일은 검간이 다스렸던 해남, 청도, 김제에서도 꾸준히 이어졌다.

1543년(중종 38) 경상도 순흥에 백운동서원이 세워진 이래 16세기 중후반, 전국에 걸쳐 세워진 서원이 50개를 넘었으나, 상주에는 아직 서원이 없었다. 임진왜란이 끝난 뒤에야 상주 선비들은 서원을 세우고, 정몽주·정여창·김굉필·이언적·이황 등 동방 5현을 사당에 합향하였다. 이때 검간은 서원 원장인 동주로 추대되어 서원 초창기의 일을 맡아보았다. 도남서원은 상주를 대표하는 학교로 기능하였다. 서원을 세운 그는 자신이 사는 고장인 장천에 서당을 중건하였다. 그는 어린 선비들이 학업을 닦기에 서당만 한 것이 없다고 보았다. 그러나 전란의 와중에 모두 불타 버렸으므로 같은 면내 선비들과 힘을 모아 창립하였다. 도남서원이 상주 고을 전체의 학교라면, 고봉서당은 마을 중심의 학교였다.

검간은 한 걸음 더 나아가 고을의 풍속 진작을 위한 교화 활동을 강화하였다. 바로 향약의 시행이었다. 그는 향중 선비들과 함께 여씨향약 및 주세붕이 정한 규례를 장천, 성동, 노곡, 단구 등 가까운 동리에서 시행하였다. 상주 고을 선비들은 신의를 강명하여 풍교를 돈독히 숭상하였고, 이 지역이 강우江右에서 향속이 가장 순후하게 된 것은 검간의 지도력에 의한 것이라고 연보에 나타난다. 서원과 서당의 건립, 향약의 시행 등은 임진왜란을 거치면서 물질적·정신적으로 피폐해진 향촌사회를 재건하는 데 크게 기여하였다. 이런 활동을 통하여 상주의 사족들은 지역사회를 안정시키고 민심을 주도하였다.

(3) 조정의 지방관 행적

검간 조정의 업적은 지방관료로서 더욱 빛났다. 이것은 특히 유교문화의 진작과 관련하여 두드러졌다. 그는 1611년 12월에 청도군수가 되었다. 광해군이 임금이 되면서 북인들이 국권을 장악하고는, 그들에게 동조하지 않는 사람은 전부 배척하였다. 이때 이항복이 조정에서, "당금의 영남 선비 중 조모 형제는 열성이 있고 올바른 사람들인데, 산관으로 지내고 있으니, 무엇 때문인가."라고 하였으며, 마침 결원이었던 청도군수에 의망한 것이었다.

검간의 행장과 연보에는 청도군수 시절의 행적에 대한 기사가 풍부하다. 이 가운데 주요한 것을 소개하면 다음과 같다. 조선 전기에 청도에 살았던 선현들이 있다. 절효 김극일, 탁영 김일손, 삼족당 김대유 세 사람이다. 검간은 부임한 그날 바로 세 현인의 묘소를 찾아갔다. 그들은 청도 고을을 대표하는 명현이었음에도 불구하고 자손이 미약하여 묘소 관리조차 부실하였다. 특히 김대유는 얼손만이 있을 뿐이었는데, 그마저도 군적에 올라 멀리 떠나 있었다. 검간은 병영의 협조를 받아 그의 천역을 면제해 주고 세 현인의 향화를 받들도록 조치하였다.

1612년(광해군 4)에는 이들 삼현을 자계서원에 봉안하였다. 그 이전부터 군민들이 삼현을 모실 사당을 세우려고 하였으나, 물력이 부족하여 추진하지 못하였다. 검간은 군수의 녹봉을 덜어 일을 도왔다. 공무 중에도 틈틈이 현장을 방문하여 공사의 진행을 직접 확인하였다. 사당이 세워진 뒤에는 삼현의 위패를 봉안하였고, 군내의 유생들과 함께 강학도 하였다. 특히 토지를 마련하여 서원 운영에 도움을 주었다. 그 뒤로 김대유의 유적인 삼족당과 소요당을 자주 찾아가 노닐었는데, 그때 지은 「제삼족당題三足堂」 등 여러 수의 시가 문집에 실려 있다. 한편 조정이 고을의 선현들을 존숭한 일은 향풍의 안정에 기여하였다. 검간은 고을의 젊은 학생들에게 과제를 주어 학문을 권장하였다. 매달 초하루에 향교에 학생들을 모아 여러 경전들, 특히 소학을 강습하였다. 이에 유풍이 살아나면서 군내의 민심이 한층 고양되었다.

그다음에 한 일은 양로의 예를 시행한 것이다. 봄과 가을이면 70–80세 노인들을 초청하여 안팎의 마루에서 잔치를 벌였다. 밖은 군수가, 안은 부인이 주인이 되어서 주육을 대접하고 건과 지팡이를 선물로 드렸다. 많은 노인들이 배불리 먹고 마시면서 흥에 겨워 부르는 노랫소리가 읍내에 가득하였으며, 세시마다 미육을 보내면서 안부를 물으니 고을의 풍속이 훨씬 돈독해졌다고 한다. 이 시기 이웃 고을인 성주에 한강 정구가 살고 있어 더욱 자주 왕래하면서 도를 논하고 강학하였다.

1615년(광해군 7) 여름에 지독한 가뭄이 영남 전 지역을 덮었다. 검간은 청도의 화악 고사동에서 몸소 기우제를 지냈다. 처음 기우제를 올릴 때 유사가 재계를 하지 않았다. 검간은 제물을 다시 마련하고 직접 제사를 주관하면서 친히 지은 고유문을 아뢰었는데, 구구절절 지성이 넘쳤다. 기록에 따르면 제사를 마치기 전에 큰비가 내렸고, 이를 본 사람들이 하늘도 감응한 것이라고 말하였다고 한다. 검간의 문집 권3에 「고사동기우제문」 두 편이 실려 있다.

청도군수는 검간이 임기를 채운 유일한 자리였다. 그는 6년간을 오로지 청관清官으로 일관하였다. 돌아오는 날에는 오직 대나무 몇 그루를 챙겨 왔을 뿐이고, 군민들은 비를 세워 그의 청덕을 칭송하였다고 한다.

(4) 조정의 국방관

조선시대 사족은 성리학을 체득하여 이를 가정과 사회에 전파하고자 하였다. 신유학인 성리학은 이기를 바탕으로 충과 효를 중시하는 실천윤리를 강조하고 있었다. 검간도 가정에서 부조의 이러한 가학과 가풍을 계승하여, 벼슬길에서나 혹은 재야의 학자로 있으면서도, 충효와 의리 그리고 지조 등을 실천하여 나갔다. 특히 그는 임진왜란이란 미증유의 국란을 당하였을 때 이를 극복하고자 여러 가지 방책을 강구하였다.

검간의 국방관이 형성된 배경은 몇 가지 측면에서 고려될 수 있다. 우선 국가에 대한 충성을 중시하는 성리학의 실천윤리를 강조하고, 나아가 이를 존중히 여기는 사대부 가문의 가풍이다. 전형적인 사족가문인 검간의 집안에서 그는 이러한 가풍을 선조로부터 이어 받았다. 또 다른 배경은 그의 스승이자 처삼촌인 학봉 김성일의 가르침이다. 학봉은 임진왜란 직전 일본에 통신사로 가서 도요토미 히데요시豐臣秀吉 앞에서 조선통신사의 체통과 굳은 지조를 보여 주었다. 그리고 임진왜란을 당해서는 경상우도의 병마사와 관찰사로서, 관군과 의병을 지휘하면서 줄기차게 항거하다가 순국한 대쪽 같은 사람으로 평가되고 있다. 검간과 학봉의 관계로 볼 때, 조정은 김성일의 국방의식에 영향을 받았을 것이다.

검간의 국방관에 영향을 많이 끼친 또 한 사람은 서애 류성룡이다. 검간은 17세 때 서애 류성룡을 만나 가르침을 받았다. 그 뒤에도 여건이 허용되면 자주 찾아가 학문과 현상 문제를 상의하였다. 서애는 임진왜란 때 영의정과 도체찰사로서 전시 내각을 이끌며 혼신의 노력을 경주한 끝에 이를 극복하는 데 중추적 역할을 했다. 서애는 문신이면서도 성리학 사상에만 매몰되지 않고 병학·의학·어염업 등에 이르기까지 실용적인 방면에도 해박한 지식을 갖고 이를 활용하였다. 이렇게 실천을 강조하는 자세 등은 검간에게 상당한 영향을 주었다.

이러한 영향을 받은 검간의 국방관은 다음과 같다. 첫째, 자주국방의식이 강하였다. 외국 군대가 침입했을 경우 우리 국민들 스스로 이를 격퇴하여야 하는데, 정규 관군에만 의지하지 말고 각 지방마다 뜻있는 사람들이 힘을 모아 자발적으로 의병을 조직해서 이에 항거할 것을 주장하였다. 그 자신도 상주 지역 의병 활동에 적극 가담하여 일정한 성과를 거두었다. 둘째, 외국군이 쳐들어와 국가가 위급할 때 가장 효과적인 국방대책은 최고 책임자인 왕이 직접 전투에 참가하는 친정임을 강조하였다. 친정이야말로 위축된 군대의 사기를 진작할 수 있는 가장 효과적인 방책으로 인식했던 것이다. 셋째, 검간은 국방의 기본 바탕은 민심과 민생의 안정이라 굳게 믿었다. 그는 평소에도 여기에 중점을 두고 이를 구현하고자 노력하였다. 넷째, 검간은 전란 때 공을 세우는 데 크게 기여한 사람들은 국가가 응분의 보상을 제때에 실시하여 이를 칭송하고 기리는 분위기를 조성해야 한다고 보았다. 그렇게 해야 다른 사람들의 충성심도 고양할 수 있다고 생각한 것이다.

(5) 검간에 대한 제현諸賢의 평

이광정은 검간을 국가적 동량棟樑으로서 군자君子라고 평하였다. 눌은訥隱 이광정李光庭은 「검간선생문집서黔澗先生文集序」에서 다음과 같이 평하였다.

> 검간 선생은 순수하고도 의지가 강직한 기氣를 받아 나서 특출한 자질을 갖추어 재능은 족히 세상을 다스릴 만하고, 도덕은 족히 풍속을 교화시킬 만하고, 충성은 족히 임금의 과오를 범안犯顔하여 간諫할 만하며, 강직함은 족히 퇴패한 기강을 떨쳐 일으킬 만하였다. 그러나 젊어서는 자신을 숨기었다가 늦게야 문과文科에 올라 군현의 수령으로 바빴으니 한산한 관아에서 가라앉고 억눌려 세상에서는 선생이 과연 어떠한 그릇인지, 재능은 과연 어떠했는지를 알지 못하게 되었다. 그러나 그는 평생토록 자신을 알아주지 않아도 성내지 않았고, 옳다고 여겨주지 않아도 속 태우지 않았으며, 작은 벼슬이라도 업신여기지 않고 경우에 따라 직분을 다하였다. 벼슬을 받아 취임하여 일을 볼 때와 집에서 한가롭게 지내거나 향리에서 처신할 때에도 그 자취는 겉과 속이 환하게 일관되고, 평탄하고 험함에도 한결같았으니, 또한 그의 대교大較를 추측할 수 있겠다.

이처럼 검간은 기氣, 재능, 도덕, 충성, 강직함을 고루 갖춘 국가적 동량이었으나 불운하여 크게 등용되지 못하였다. 그러나 검간은 본질적으로 대기大器였고, 선비로서의 가장 이상적인 인간상으로서 군자였다고 할 수 있다.

2) 가규 조익

조익趙翊은 1556년(명종 11)에 태어나서 1613년(광해군 5)에 타계한 조선 중기의 문신으로, 검간 조정과 함께 조선 중기 영남을 대표한 학자였다. 그의 본관은 풍양, 자는 비중棐仲, 호는 가규可畦이다. 조윤녕趙允寧의 증손으로, 할아버지는 조희趙禧이고, 아버지는 조광헌趙光憲이며, 어머니는 홍윤최洪胤崔의 딸이다.

그는 일찍부터 아버지의 교훈을 받아 마음을 가다듬고 글공부에 애써서 문예가 날로 성취하여 나이 약관이 못 되었을 때 잇달아 향시에 합격하였다. 그는 15세 때 백씨伯氏 조정과 함께 한강 정구鄭逑를 찾아가 『소학小學』과 『심경心經』을 배웠으며, 27세 때인 1582년에 생원시에 장원급제하였다. 29세 때인 1584년에 서애 류성룡柳成龍에게 『근사록近思錄』과 성리학에 관련된 여러 서적을 질정하였으며, 1588년 32세 때 알성문과에 급제하였다. 특히 그는 당파를 초월한 교유관계를 통해 도의지교道義之交를 성취한 인물로, 문학 활동에서는 일상적인 생활 가운데 환경이나 여건이 변화하면 곧바로 시를 창작하고 문장을 서술한 시인이자 문필가였다.

그는 상주 단밀(현 의성 단밀)의 속수서원涑水書院에 제향되었다.

조익은 1591년 승문원 정자에 보직된 이후 여러 벼슬을 역임한 뒤 병조좌랑·광주목사·장령 등을 지냈다. 1592년 임진왜란이 일어났을 때 조익은 고향 상주에서 백씨 검간 조정과 함께 모부인을 모시고 속리산으로 피난하였다. 5월부터 의병을 일으켜서 일본군의 진로를 차단하고, 관군에게 군량을 공급하는 등의 공을 세웠다. 또한 중앙관료로서의 청렴하고 검소한 태도는 관리로서의 이상적인 모습을 보여 준다.

3) 문중에 전해지는 검간 조정 이야기

검간의 선견지명을 보여 주는 일화도 있다. 이 이야기는 검간 덕분에 상주 지역의 젊은 선비들이 피해를 보지 않았음을을 알려 주는 것이다.

> 검간 선조께서 말년에 상주 동부 지역 글면 의성 다인 이쪽 지역이거든. 그쪽에서 서당을 하셨지. 그런데 그 무렵에 광해군 때 정인홍이라든가, 이이첨이라든가, 이런 분이 막 세를 잡고 있어서 아무래도 그 당시에 상주의 젊은 선비들이 그 사람들한테 줄을 댈라고 애를 쓰고 했는데, 그걸 못하게 할라고 제자들을 초하루 보름마다 자꾸 모아서 학문을 점검하셨다는 거야. 아무도 서울 출입을 못하도록 막고. 그리고 얼마 후에 인조반정이 생겨서 이쪽 상주 동부 지역에 이쪽 사람들은 아무런 피해 없이 지나갔어. 그래 그게 이제 우리 선조의 하나의 큰 업적이다 이래여.

종가의
역사

3 종가 계승 인물의 행적

1) 검간 조정의 의병 활동

임진왜란 때 상주에서 의병이 조직된 것은 1592년 7월로 다른 지방보다 다소 늦은 편이었다. 그것은 일본군의 침략로에 상주가 위치하고 있어서 인적·물적 기반을 확보하기가 쉽지 않았기 때문이었다. 상주의 경우 1592년 7월에 접어들면서 초유사 김성일의 「거의격서擧義檄書」 등으로 의병이 조직화하기 시작하여 창의군, 충보군, 상의군으로 조직되어 임진왜란 초기에 활약하였다. 이렇게 상주의 세 부대에서 조정과 조익이 각각 주요 역할을 맡아 수행하였다.

먼저 조정이 활약한 창의군은 7월 30일에 청주에서 활동하던 이봉李逢을 궁수弓手들과 맞이하여 오고, 상주의 사족과 궁수가 호응하여 사족 40명, 궁수 50여 명으로 조직되었다. 이것은 상주 지역에서 처음으로 의병 조직을 이룬 부대였다. 이처럼 상주에서는 임진왜란 초에 채유희의 외삼촌 이봉을 장수로 추대하여 의병을 수창하고 토적에 힘을 다하였다. 200명 가까이 참살한 것도 대부분 채유희가 규획한 힘이었다. 이후 이봉이 괴산 군수가 되자 채유희도 그곳에 따라갔는데, 다시 이웃 고을 선비들과 함께 의곡 1천여 석을 모아 조정에 계품하고, 호조의 문부에 기록하여 뒷날 명나라 군사의 군량에 보태게 했다. 한편 고을 사람 김기남 등을 유사로 삼아 그 일을 관리하게 하였다.

이처럼 찰방 권종경, 내한 정경세와 채유희 등이 중심이 되어 창의하여 이봉을 청주에서 초청하여 왔는데, 이봉과 채유희는 외삼촌과 조카라는 혈연적 유대도 있었다. 이처럼 창의군은 지역적으로 상주·함창·문경·청주에 이르는 넓은 지역에 걸쳐 있었다. 그리고 삼장의 군법을 정하여 의병의 군기를 엄격하게 하여 활동하였다. 삼장의 군법은 '적을 만났을 때 물러서는 자는 참하고, 후일을 약속하고 물러가기를 꾀하는 자는 참하며, 명령을 어겨 기일을 지키지 않는 자와 쓸데없는 말로 여러 사람을 현혹하게 하는 자도 아울러 군율로써 다스린다'는 것으로 아주 엄격하였다.

7월 30일 조직된 창의군에는 함창과 상주의 상하인 다수가 적극 참여하였고, 이전부터 활동하고 있던 촌병들도 참가하였다.

창의군은 8월 1일 황령사에 의병소를 설치하고, 가은리에 복병을 설치하면서 활동을 시작하였다. 이 시기는 창의군이 조직되어 활동하던 시기로, 정기룡이 상주판관으로 부임하여 활동하기 이전 시기이다. 주로 가은리, 현동, 노동, 벽파원 등에서 매복, 복병, 전투를 수행하였다. 이처럼 창의군은 적은 군사 수와 무기의 열세를 효과적으로 극복하기 위하여 복병, 야간 공격 등의 유격전술을 구사하였다. 창의군의 매복과 야습지는 가은, 황령, 죽현 등으로 험준한 산악과 골짜기였다. 창의군에는 함창 군인으로 의병에 가담한 이들이 40여 명이었는데, 전공을 둘러싸고 의병과 관군의 대립 요인이 되기도 하였다.

이때 창의군은 활동을 위해 필요한 군량과 무기를 독자적으로 마련하기도 하였지만, 관으로부터 지원을 받아서 해결하기도 했다. 1592년 9월 1일 방백으로부터 군량 50석, 장편전 각 10절, 활 10부를 지급받기도 하였다. 이후 세 차례 더 지원을 받아서 전체 군량 260여 석을 지원받았다. 아울러 호서 지방의 양곡 지원도 받았다.

한편 임진왜란 초기에 창의군, 충보군, 상의군을 중심으로 각각 활동하던 상주 의병에 새로운 전기가 마련된 것은 1592년 10월 정기룡鄭起龍이 가판관假判官으로 임용되어 부임하면서부터였다. 이제 창의군, 충보군, 상의군은 연합부대의 일원으로 편제되어 주요 작전에 참여하는 형태로 의병 조직이 유지된 것이다.

이때 창의군은 정기룡과 합세하여 당교와 상주성을 공격하고, 충보군과도 당교를 야습하였으며, 상의군과는 감문성과 선산 공략을 논의하였다. 이 시기의 활동은 연합전이 많았는데, 연합작전은 의병과 관군의 주도권 문제로 인하여 많은 희생자를 내기도 하였다. 한편 창의군은 활동을 위한 군량의 확보를 자체 조달하기도 했지만, 순상巡相으로부터 지원받아 해결하였다. 구체적으로 순상으로부터 군량미 20석, 장전과 편전 각 10절, 죽방 3장, 어륙 15장을 지원받았다. 또 박응광이 청주로 가서 원래 제급題給에는 백미 100석이었지만, 보리쌀 20석만 얻어 와서 이용하기도 하였다.

명군이 개성을 수복하고 남하를 하는 1593년 2월 이후에 상주의병은 간헐적으로 매곡의 매복, 당교의 급습을 통해서 일본군 소탕작전을 수행하기도 했지만, 관군에 편성되어 명군에 대한 식량 지원, 말먹이, 땔감, 임시가옥 준비 등 명군에 대한 지원이 주된 임무가 되었다. 이후 창의군과 상의군은 함창과 상주에 각각 소속되었으며, 상주와 문경의 소모관은 각각 자기 고을의 의병을 거느리고 본읍으로 돌아가게 되어 의병으로서의 존재를 상실하였다.

1593년 4월 26일에 진중에 군량이 없어서 흩어지게 되었으므로 의병을 일으킨 전말과 전과, 군공의 서차 등을 기록하여 행재소에 상소한다는 창의군의 상소는 이제까지의 의병활동을 총결산하는 것이었으며, 사실상 의병의 해체 선언문이라고 할 수 있다.

이처럼 상주 지역에서는 명군의 남하와 일본군의 퇴각과 더

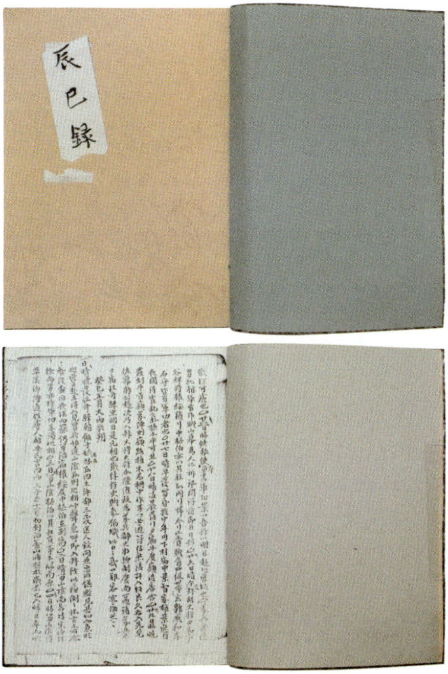

『진사일록』(상주박물관 제공)

불어 의병이 해산되어 갔다. 이에 정유재란기에는 독자적인 의병을 조직하지 못하고, 왕이 갑주를 입고 영호남에 주둔하기를 바라는 상소운동을 1597년 2월 25일 예천향교에 모여 호소하였다. 이는 일종의 친정소로 1597년 정월 24일 상주인 정이경의 이름으로 도내에 통문을 돌려 예천향교에 모이도록 하였다. 이때 상주에서는 신경익, 조정, 이전 등 40여 명이 참석하였다. 이들은 임진왜란 시기에 상주 의병을 주도한 인물들이었다.

2) 『진사일록』의 기록들

검간의 일생에서 가장 주목할 것은 임진왜란 시기의 의병 활동이다. 검간 조정은 『진사일록』을 남겼다. 『진사일록』은 임진왜란이 발발한 임진년과 다음해인 계사년에 검간이 기록한 난중일기이다. 왜적의 침범 소식을 처음 접한 임진년 4월 14일에서 시작하여 선조가 서울로 되돌아왔다는 소식을 접한 계사년 10월 22일까지의 기록인데, 그중에 임란 초기부터 이듬해 4월 2일에 모친이 세상을 떠난 뒤 의병 활동을 접은 계사년 7월 즈음까지의 기록이 주를 이룬다. 상주는 임진년 당시 동래를 거쳐 올라온 왜적의 주력부대가 이곳을 통해 서울로 진격해 나갔기 때문에 임란 초기에 피해를 가장 많이 본 지역이었다. 검간의 의병 활동 관련 기록을 『진사일록』에서 살펴보면 다음과 같다.

5월 13일에 의병 격문을 처음으로 받아 보았는데, 누가 지은 것인지는 알 수 없으나, 그 전문이 일기에 다음과 같이 실려 있다.

> 저 풍신수길豊臣秀吉이 우리나라를 침범하여 서울로 쳐들어가는데도, 변방의 장수와 여러 고을 수령들은 모두 도망가고 단 한 명도 성을 지키면서 힘껏 싸우는 이가 없으니, 왜노들이 무인지경을 들어가 노략질을 하고 도로를 막고 있다. 나라 망할 날이 다가왔으니 의리상 차마 볼 수가 없다. 수령과 장수, 유향소 및 선비들 중에 뜻이 있는 자는 각자 몸을 바쳐 근왕의 대열에 합류하여 왜적을 쫓아내어 국가를 살려내자.

이 격문을 본 검간은 크게 격동되었다. 그러나 주변을 아무리 보아도 각자 제 목숨 부지하기조차 벅찬 피난민들뿐이니 마음만 상할 뿐이었다. 그런데 며칠 뒤인 17일 저녁, 주내에서 다른 통문이 왔다. 다음날 아침 일찍 사람들을 거느리고 낙서촌으로 오라는 것이었다. 검간은 근방에 피난 중인 도망 군인 30여 명을 모았다. 18일 아침 일찍 그들을 거느리고 낙서촌으로 갔다. 그러나 그들 이외에는 한 사람도 보이지 않았다. 이 정도 군사로는 어찌할 도리가 없고, 또 가까운 곳에 왜선이 정박 중이라는 소문도 들렸다. 군인들 모두의 마음이 흔들렸고, 될 일이 아니므로 부득이 되돌아오고 말았다. 한심한 일이지만, 아직 의병을 일으킬 조건이 성숙되지 않았던 것이다.

6월 15일에 들은 소식에 의하면, 이보다 앞서 공성, 외남, 청리에 사는 김사종, 권서, 노함 등이 각기 군인을 모아 왜적과 싸워 수백 명을 죽였는데, 한동안 이곳 마을에 접근하지 못하던 왜적들이 틈을 엿보아 쳐들어왔다는 것이다. 김사종은 즉시 말에 올라 십여 명을 사살하였으나, 자신도 적의 철환에 맞고 겨우 달아났다 하고, 별 수 없는 사족들이 많은 피해를 당하였다. 이때 이준과 정경세의 가족들도 참혹한 화를 당하였다고 한다. 이날 일기에는 경상감사 김수의 실책에 대하여 길게 적었다. 이를 이어서 6월 24일의 일기에서는 의병 봉기에 대한 열망을 담은 부분도 보인다.

대가가 몽진을 떠난 지 벌써 석 달이 되어 간다. 무릇 혈기 있는 자 어느 누구인들 마음이 아프지 않겠는가? 그러나 영남의 군현들에는 단 한 명의 창의하는 사람도 없구나. 어버이를 모시고 초야에 묻혀 사는 선비라고 어찌 기치를 높이 들고 적을 막을 마음이 전혀 없겠는가마는, 조정은 여러 갈래로 나뉘어 세로世路가 더욱 험난하다. 현능자를 방해, 질투하는 무리들이 요직을 독차지하고서 자기에게 거스르는 자는 모두 부도하다는 죄명을 더하여 일망타진할 계책만 만든다. 생각 있는 이들은 대부분 깊이 숨어들어 후에 닥칠지도 모르는 혐의를 피하려고만 할 뿐 먼저 나와서 난을 이겨낼 일을 도모하려 들지 않는다. 시사時事가 이에 이르렀으니 지극히 한심하다.

이런 심정으로 절치부심하던 조정이었다. 며칠 뒤인 26일, 여러 날 전에 왜적과 맞서 싸우다가 부상을 당한 김사종을 찾아가 위문하고 왜적과의 전투를 자세히 물었다. 이렇게 하면서 의병 봉기에 대한 열망을 키워 갔다.

7월 5일에 초유사 학봉 선생이 보내온 격문을 보았다. 흩어져 숨어 있는 백성들에게 무기를 들고 나와 나라를 위하여 싸우라는 초유의 글이었다. 이를 받아 읽은 검간은 "글귀가 절절하여 사람을 감동시킨다."라는 짧고도 강한 감격의 심정을 적어 두었다. 이어서 자기 한 몸 숨기기에 바쁜 열읍 수령들에 대한 분노를 토로하였다.

현 사태의 근본적인 문제는 군사와 백성들이 무너져 흩어졌을 뿐 아니라, 임금을 위하여 목숨을 바치고자 하는 마음을 가진 사람이 없다는 점이다. 열읍 수령들은 모두 자기 몸을 숨겨 쥐새끼처럼 구차히 살고자 하여, 의를 부르짖으

> 면서 이끌어 가는 자가 하나도 없고, 방백과 장수, 순변사, 방어사 등도 모두 각처로 흩어져 정해진 자리가 없다. 위에 거느리는 자가 없이 한가지로 어지러우니 그 사이에 비록 토적에 뜻을 둔 사람이 있다 하더라도 누구를 믿고서 자기 몸을 바치겠는가. 나랏일이 이에 이르고서 망하지 않을 수 있겠는가.

7월 30일 드디어 상주 함창 지역의 의병진이 결성되었다. 이날 검간은 문경 선비 권경호, 상주의 동지로서 가까운 곳에서 피난 중인 정경세와 함께 황령사 동구로 갔다. 의병에 참여하기 위한 것이었다. 이 일은 함창 선비 이홍도, 채유희 등이 나서서 추진한 것이었다. 채유희는 이에 앞서 청주로 가서 그의 외삼촌 이봉과 함께 궁수 7–8명을 모집하여 돌아왔다. 함창, 문경 등지의 사족들도 이에 호응하여, 이날 이곳에 모인 사람들은 사족이 40여 명, 궁수도 50여 명이나 되었다. 이봉을 의병장으로 추대하였다. 그리고 약속 3조를 정하였는데, "적과 싸우면서 먼저 후퇴하는 자는 목을 벤다. 약조한 뒤에 후퇴하는 자는 목을 벤다. 명령을 어기고 시기를 놓치는 자는 목을 벤다."라는 것이었으며, 터무니없는 소문으로 군중을 어지럽히는 자도 군율에 의하여 죄를 묻는다고 하였다.

당시 의병 진영의 이름은 창의군이라고 정하였는데, 활동 지역이 함창현 관내였고, 주된 참여자들도 대부분 함창현 사람이었기 때문이다. 이후 의병 진영은 황령사(지금 상주시 은척면 황령리 소재)에서 시작하여 병천(지금 상주시 화북면 용유리 소지면)과 문경 땅인 노동(지금 문경시 농암면 갈동리로 짐작됨)으로 옮겨 다녔다. 약조를 정한 의병대장은 정경세에게 명하여 의병의 취지를 첫머리에 적도록 하였다. 『진사일록』에 그 내용이 있으므로 이를 옮기면 다음과 같다.

> 아, 오늘의 모임은 그만두려고 해도 그만둘 수 없는 마음에서 나왔다. 오랑캐의 변란으로 도성이 함락당하고 우리 임금님이 몽진하신 지 벌써 다섯 달이 되었으며, 고을 수령과 군사들은 모두 숨어 나라를 위해 그 직분을 다하려는 자가 없으니, 백성으로서 가슴 아픔이 이보다 더할 수 없다. 근래 임금께서 스스로를 자책하고 아울러 나랏일에 나서기를 권하는 교서를 내리셨다. 이제 대의를 아는 자로서 눈물을 뿌리고 팔을 걷어붙이면서 모두 의리를 부르짖고 왜적을 토멸하려는 군병이 곳곳에서 일어나고 있다. 그러나 유독 우리 상주와 함창, 문경에는 한 사람도 몸을 던져 나오는 사람이 없어 울분에 차 있었는데, 천만다행하게도 뜻을 같이하는 동지들 덕분에 오늘의 맹약을 이루게 되었다. 기쁘고 다행스러운 마음을 어찌 다 표현할 수 있을까. 우리가 왜적을 치는 일이란 요로에 복병을 배치하여 왕래하는 한두 명의 적을 사살하는 데 불과할 뿐이므로, 나라의 성패에 크게 보탬이 되지 않음을 잘 안다. 그러나 우리의 힘이 미치지 못하여 달리 해볼 만한 수단이 없으니, 우선 할 수 있는 일을 찾아 실행하는 것도 임금을 사모하고 나라를 근심하는 작은 정성을 내보이는 방도가 될 것이다.

그다음 날인 8월 1일 의병은 왜구의 토적을 시작하였다. 의병대장 이봉은 가은현(지금 문경시 가은읍)에 매복소를 설치하여 복병을 두었다. 좌막을 맡은 검간은 동지들과 함께 의병 규칙을 정하였다. 2일에는 의병을 일으킨 사유를 적은 문서를 작성하여 함창 현감에게 보내, 순찰사와 초유사 등에게 보내 달라고 하였다.

나중에 발생할 수 있는 오해와 말썽을 염려하였기 때문이다. 3일에 창의군이 첫 전과를 올렸다. 가은 들판으로 올벼를 베러 나온 왜적 13명을 복병들이 활을 쏴서 적의 수급 5개를 획득하고 우마와 환도, 화통 등을 빼앗은 것이다.

이후 검간은 자신의 피난처인 노동과 의병 진영이 있는 황룡사 또는 병천을 오가면서 의병 일에 전념하였다. 그가 맡은 좌막과 장서는 의병장을 보좌하고, 문서 기록 및 정리를 담당하는 것이었다. 『진사일록』에 정리된 의병 관계 기록이 그 예인데, 8월 5일에는 매복처에 보낼 군기와 군량을 점검하였다. 8월 7일에 창의군의 두 번째 전과가 있었다. 즉 대장이 거느린 의병들이 송원현 동구에서 왜노 6명을 모두 베었고, 환도 6자루와 화통 6개를 획득하였다고 기록되어 있다.

8월 6일의 일기에는 함창 현감 이국필과의 갈등이 기록되어 있다. 의병 중에는 본디 함창현 소속 군인들이 있었는데, 그들은 4월 19일 스스로 궤멸되면서 고향 인근 산간으로 숨어든 이들이다. 이들이 의병에 소속되면서 전과를 올리자, 함창 현감이 그들을 관군으로 돌려달라고 요구한 것이다. 19일의 일기에는 함창 현감이 순찰사에게 의병을 무고한다는 소문을 적었다. "듣자니, 함창 현감이 순찰사에게 보고하기를, '이봉 등이 젊은 선비들을 이끌고서 의병을 일으켰다고 거짓으로 칭탁하였습니다. 관군들을 의병으로 삼고 관군이 포획한 적의 수급을 자기 공으로 삼아 현감은 손도 대지 못하게 합니다.'라고 하였다."

이를 이어서 검간은, "이 사람이 시기하고 엉큼한 짓을 되풀이하는 모양은 입으로 이루 다 말하기 어려울 정도이다. 장래에도 틀림없이 근거 없는 말을 지어내어 헤아릴 수 없는 재앙을 꾀할 것이니 분통하고 분통하다."라고 하여 한없는 분노를 표하였다. 전란의 초기에 상주 목사와 함께 왜적을 보지도 못한 상태에서 군사를 궤멸시키고 자기 몸 하나 피신하기에 급급하였던 인물이 의병진이 도망병을 모아 전공을 세우자 이를 시기하였던 것이다.

8월 14일에 속리산 영대암을 찾아가 모친을 뵈었다. 그다음 날이 추석이었으므로 제사를 지내기 위한 걸음이었다. 16일에는 속리산 인근에 피난 중인 상주 선비들이 다른 의병진을 결성하였다. 충보군이라는 이름의 진영인데, 김홍민金弘敏을 대장으로 추대하고, 김홍미·조익·노대하 등이 참여하였다. 김홍민은 검간이 존경하여 따랐던 선비이며 동지였고, 노대하는 상주가 배출한 명현 노수신盧守愼의 조카이며, 검간의 아우 조익은 당시 모친을 모시고 속리산에서 피난 중이었으므로 충보군에 참여한 것이다. 조익도 임란 중의 기록을 담은 『진사일기』를 남겼다. 그 뒤 9월 16일에는 김각을 대장으로 한 상주의 다른 의병 상의군이 조직되었다.

20일에 순찰사의 공문이 왔다. "관군이나 의병이나 모두 토적하기는 마찬가지이니, 관의 위세로 의병에 속한 관군을 빼앗아서는 안 된다."라는 것이 있으니 다행이었다. 그러나 고을 수령의 견제는 의병에게는 매우 성가신 것이었고, 의병 소속 관군들이 흔

들리면서 진영의 분위기가 나날이 어수선해졌다. 21일 의병장 이봉은 좌막인 검간과 이홍도를 순찰사 진영으로 보내기로 결정하였다. 그다음 날 대장이 전별의 시를 지어서 검간에게 주자, 검간은 바로 회답시를 지었다. 검간의 문집 권1에 실린 「차의병대장이봉증행운次義兵大將李逢贈行韻」 두 수가 그것인데, 이봉의 시도 함께 수록되어 있다.

8월 27일 아침 일찍 출발하였다. 오도현을 넘어 충청도로 돌아 황간을 거쳐 우도령을 넘는 길을 택하였는데, 김산(지금 김천시의 일부)에 왜적이 진을 치고 있었기 때문이다. 29일 새벽에 거창을 거쳐 순영으로 들어갔다. 그를 맞이한 순찰사 학봉 김성일은 의병진의 문서를 받자마자 서둘러 읽어 보고는 의병진이 요청한 일들을 적극 주선하였다. 제자이면서 조카사위인 검간에 대한 믿음이 있었기에 가능한 일이었다.

9월 1일 검간은 순찰사에게 각 지역 의병에 소모관 임명을 건의하였다. 의병진이 공식적으로 군사를 모집할 수 있는 권한을 달라고 요청한 것이다. 학봉은 그 자리에서 바로 정경세를 상주 소모관, 권경호를 함창 소모관, 신담을 문경 소모관으로 임명하였다. 아마도 창의군만이 아니라 충보군의 상황도 모두 보고하였을 것으로 짐작되는 부분이다. 9월 3일 아침, 순찰사로부터 지원받은 군수물자와 군량을 갖고 다시 의병진으로 향하였다. 노동에 도착한 것은 9월 6일이었다.

9월 26일 속리산에 계신 모친을 뵙고 온 뒤에, 9월 30일 사적인 일로 대장을 뵙고 강좌, 즉 경상좌도의 안동을 향해 떠났다. 이후 의병 진영으로부터 귀환하라는 재촉을 받고 다시 귀환길에 나서는 11월 16일까지 검간은 처가인 안동의 임하에 머물고 있었다. 단정할 수 없으나, 이듬해 2월 아들의 질병 때문에 임하에 갔다는 기록을 보면, 이때 그는 가족 일부를 거느리고 떠났던 것이 아닌가 한다. 음력 9월 말이면 겨울의 초입이다. 임진년 한 해를 피난과 의병 활동으로 보냈으니, 농토에서 소출이 있을 리 없었다. 피난 생활의 고통, 특히 식량의 부족은 50여 명의 가속을 거느린 그로서는 견딜 수 없는 일이었을 것이다. 그의 처가 고장 안동은 상주처럼 왜적의 피해가 크지 않았던 것이다.

10월 1일에 예천을 통과하여 2일에 안동에 도착하였다. 김용이 안동 수성장이었는데, 검간이 왔다는 소식을 듣고 방문하였다. 그는 검간의 장인 약봉의 아우 김수일의 아들이므로, 검간의 처사촌이다. 이보다 앞서 문과에 급제하여 벼슬하다가 고향에 내려와 지내던 중에 난리를 만나 의병에 참여한 것이다. 5일에는 향병대장 김해가 임하의 추월촌에 있다는 소식을 듣고 찾아갔다. 김해는 안동 북쪽 인접 고을인 예안 출신으로서 퇴계의 문인 김부필의 아들이었다. 그 역시 문과에 급제하고 벼슬하다가 고향에 와 있던 중에 난리를 만나, 향중의 동지들을 모아 의병을 일으켰던 것이다. 그의 의병 활동을 기록한 『향병일기』가 지금도 전한다. 28일에는 진주대첩 소식을 들었다.

11월 15일에 정경세로부터 의병진으로의 귀환을 재촉하는 편지를 받고, 바로 그다음 날인 16일에 출발하였다. 29일에 매호에 도착하여 강을 건너려는데 강 건너 묵곡에서 연기가 올라왔다. 왜적들의 불이었다. 황급히 되돌아와서 수산역촌에 묵으면서 해가 저물기를 기다렸다. 밤을 타고 길을 밟아 내현에 도착하니 새벽이 다 되었고, 12월 1일에야 노동에 도착하였다. 전날의 이틀 길이 회로에는 보름이나 걸렸다. 명의 구원병이 남하하면서 왜군 일부도 후퇴하여 상주와 문경 사이 당교(지금 함창읍 대조리 일대)에 주둔하고서 인근 고을을 횡행하였기 때문에 안동에서 함창으로의 귀로가 이토록 험난해진 것이다.

12월 2일에 속리산 복천암으로 가서 모친을 뵙고 4일에는 부친의 제사를 지냈다. 속리산에 들어온 길에도 의병진 일을 수행하였다. 그다음 날에는 상주 연합부대의 충보장 김홍민을 뵙고, 당교의 왜적들을 야습하기로 밀의하였으니, 의병진 간에 연합작전을 협의한 것이다. 12일에도 의병이 전과를 올렸다. 이날 일기에는 "조사갑 등이 정병을 이끌고 당교를 야습하여 적을 수없이 사살하였고 적의 수급 하나를 베어 왔다. 입동 뒤로 병사들이 피로하고 식량이 떨어져 큰 전과를 올리지는 못하였으나 야습을 10여 차례 감행하는 동안 적을 많이 죽이고, 수급을 베어 온 것이 50여 명이나 되었다."라고 적었다.

12월 15일에는 그간의 전과를 정리하여 도체찰사에게 보낼 보고서를 만들었다. 이날 상의군으로부터 합동 작전을 하자는 제안이 왔다. 16일에 대장의 명을 받고 상의군이 보낸 문서를 지니고 문경현감을 궁지(지금 문경시 농암면 궁기리, 궁터마을이 있다)에서 만났다. 그러나 그는 군병이 모자란다는 이유로 거절하였다. 18일, 상의군이 다음날 충청도 보은땅 마래에서 관민의 여러 진영이 함께 작전할 것을 의논하자고 한다. 창의군은 대장을 대신하여 검간이 참가하기로 하였다. 19일 저녁 조전장 선의문과 함께 도착하니, 여러 군영의 대장 또는 참모들이 모였다. 관민이 함께 12월 25일 감문(지금 김천시 감문면 일대)과 선산의 왜적을 공격하기로 약속하였다. 그러나 의병들의 합동 작전은 끝내 이루어지지 않았다. 대규모 작전을 수행하기에는 조직이 엉성하기도 하였지만, 무엇보다도 계절이 나빴다. 가장 큰 문제는 군량 등 보급의 부족이었다. 이즈음 검간과 정경세, 송광국 등 창의군 좌막들은 인근 경상도 고을들은 물론 호서지방으로까지 분주하게 다니면서 군량의 확보에 힘을 쏟았다.

군량 부족 이상으로 의병을 어렵게 한 일은 고을 수령과의 마찰이었다. 앞서 창의군이 결성되고 왜적을 참획하는 전과를 올리자 함창 현감이 의병에 소속된 관병들을 돌려달라고 요구하였다. 이러한 요구는 의병 활동 내내 지속되었다. 12월 24일, "순상은 함창과 문경 두 고을의 보고를 받고 의진에 명령을 전하였는데, '의병 소속 관군들을 모두 돌려보내라'고 했다."라는 기록이 일기에 보인다. 순찰사는 의병의 사기도 북돋아 주는 한편 관군도 복원해야 했을 터이다. 그러나 당시 창의군의 주력은 이들 군인들이었다. 일기에는 이를 이어서 순찰사의 명령으로 인해서 애써

모은 군졸이 흩어지게 생겼으니 매우 염려가 된다고 기록하였다.

그다음 날인 25일, 검간은 군공을 적은 보고서를 다듬었다. 창의대장의 명령을 받고 순영으로 다시 가야만 했기 때문이다. 비장 권수權綏가 수행하였는데, 적의 수급 넷을 가져갔다. 29일에는 새벽에 출발하여 우지령을 넘었다. 중도에 의병대장 김면을 만나고 저녁에 성기역에 도착하였다. 임진년의 마지막 날 저녁이었다. 『진사일록』의 권1은 여기에서 끝을 맺는다.

해가 바뀐 계사년, 즉 1593년 정월 초하루, 검간은 순영을 향하는 길 위에 있었다. 이날 새벽에 출발하여 밤늦게 안음현(지금 함양군 안의면 일대)을 거쳐 순찰사 영에 당도하였다. 순상 학봉 김성일이 그의 도착을 알고는 어서 들어오라고 하므로 바로 들어가 만났다. 회포를 나눈 뒤에, 곧바로 군무를 토론하면서 밤을 지새웠다.

6일까지 산음(지금 산청군)에 머물면서 순상을 만났다. 순상은 왜적에 사로잡힌 임해군과 순화군 두 왕자가 일본으로 끌려간다는 소문을 듣고 울분이 가득하여 식사도 제대로 하지 못하였다. 7일에 순상이 군량미 20석과 장전과 편전 각 10자루, 죽궁 3자루와 어교 16장을 주었다. 또 창의군과 함창·문경의 관원에게 명을 전하되, 그들과 합세하여 좌우위로 나누어 상주판관 정기룡의 지휘를 받도록 하였다. 그에 앞서 11월에 부임한 정 판관은 용맹이 무쌍하고 지략이 있어 왜적 토벌에 큰 전공을 세우고 있었던 것이다.

1월 8일 아침 일찍 출발하였다. 비장 권수는 보급품을 수령하러 거창으로 떠났고, 검간은 안음으로 향하였다. 20석 중 15석을 광목 50필로 셈하여 산음에서 내려오기로 했고, 5석은 안음의 관청에서 보급하기로 했기 때문이었다. 10일에는 무거운 군량의 운반이 매우 곤란하였기 때문에 광목으로 바꾸어 가려고 더 머물러야 했다. 14일에 짐꾼 세 명을 얻어 출발하였다. 17일에야 노동에 도착하였다. 갈 때는 사흘 길이 돌아오는 데에는 열흘이 걸린 것이다. 오후에 병천으로 가서 대장을 만났는데, 모처럼 만에 넉넉한 군량을 보고 군중이 모두 환호하였다고 일기는 적었다.

1월 24일에 검간은 병천의 진영에 머물렀다. 대장은 의병을 거느리고 문경, 함창의 관군과 합세하여 광림에 매복하였는데, '서울로부터 남쪽으로 적들이 끊임없이 내려온다'는 소식이 들려왔다. 명나라 군병의 구원 이래 후퇴하는 왜적들이 줄을 이은 것이다. 어쨌든 순찰사의 명령 덕분에 함창, 문경 수령들과의 협력이 이루어진 것이다. 28일, 대장과 함께 황령사로 갔더니 함창현감도 그곳에 진영을 차리고 있었고, 문경현감도 양산사로부터 왔다고 한다. 그러나 29일에는 함창과 문경의 수령들과의 협약이 이루어지지 않았고, 느지막하게 대장은 정병 수십 명을 거느리고 매복하려고 당교로 떠났다.

2월 2일에는 의병이 모집한 군사를 관병으로 돌리라는 순찰사의 명령문이 왔다. 음력 2월, 이미 봄이 되었으나, 군량 부족이 심각하였다. 상주, 함창 인근에서는 가을에 거둔 것이 없는 데다가 남쪽으로 후퇴한 왜적들이 집합하여 있었으므로 식량 사정이 더욱 나빴다. 2월 4일, 검간은 대장의 명으로 군량을 구하기 위하여 충청도 청주로 갔다. 9일에 청주 목사를 만나 군량을 간절히 요청하였더니, 모미耗米 20석만을 내어 주었다. 11일에는 명군이 이미 8일에 한도(한양)에 들어왔다는 소식을 들었다. 15일에, 다시 청주로 갔다.

호서 지방에는 비록 왜적이 없었지만 천병天兵, 즉 명나라 군사들의 군량을 백성들을 시켜 나누어 운반하게 하므로 등짐 진 사람과 말들이 길에 이어졌으니, 백성들이 그 고통을 이기지 못하고 태반이 도망쳐 흩어져 버렸다. 이 때문에 마을마다 텅 빈 것이 왜적에게 분탕질을 당한 곳과 다를 것이 없었으니, 시운의 불행이 이 지경에 이름에 탄식을 금할 수 없었다라는 기록이 이날의 일기에 보인다. 왜적의 위협이 사라진 자리에 새로운 고통이 백성들을 덮치고 있었다.

18일 오후에 속리산으로 가서 모친을 뵈었다. 돌림병이 창궐하여 동암으로 옮겨 모셨다. 19일 대장이 속리산으로 들어왔다기에 가서 만났고, 그에게서 원수 권율權慄 장군의 행주대첩 소식을 들었다. 22일, 대장은 명군이 지낼 가옥과 땔감, 말먹이를 준비하기 위해서 관군과 협력해야 한다고 말했다. 이제 의병 진영에도 명나라 군사를 지원하는 보조 임무가 새로 주어진 것이다.

그런 중에도 의병의 전과는 계속되었다. 대장의 명을 받은 김여려가 정병 40여 명을 거느리고 막곡 앞에서 매복하고 있다가, 상주로부터 함창으로 가는 왜적 30여 명을 기습하여 부원까지

20리나 추격하면서 거의 과반이나 사살하였다. 그러나 주성 내의 왜적들이 소리를 듣고 구원하러 나오고, 마침 아군의 화살도 다 떨어져 끝까지 공격하지는 못하였다. 또 그날 밤에 선봉 이추가 15명의 군졸을 거느리고 당교를 야습하여 적을 무수히 사살하고 수급 둘을 베었으나, 그중 하나는 적에게 다시 빼앗겼다. 야습은 죽인 숫자에 비하여 머리를 벤 것이 적었는데, 야간 전투의 한계였던 것이다.

24일에 전식과 함께 순찰사 진영에 보낼 문서에 그간의 군공을 정리하면서 아울러 군병이 없어서 함창 현감을 도울 수 없다는 뜻도 함께 적었다. 이날 충보군의 문서를 통하여 서울을 점령하였던 왜적들이 이달 13일에 모두 성을 빠져나와 돌아갔으므로 성내에는 남아 있는 왜적이 전혀 없다는 소식을 들었다. "이제 적을 깨끗하게 몰아낼 날이 멀지 않았으니 기쁘고 기쁘다."라고 일기에 적었다

그러나 2월 26일 임하에 머물고 있는 가족이 염병에 걸렸다는 소식을 듣고서 대장에게 보고하고 안동으로 향했다. 29일에야 임하에 도착하였는데, 아이의 병이 위중하였고, 장천에서 옮겨와 표박 중이던 노비도 염병에 걸려 골짜기에 묻히고 말았다는 기록이 있다. 이를 이어서 검간은 나라 안의 백성들 대부분이 안식처를 잃었을 것이라고 걱정하였다.

3월 8일 임하에 머물러 있던 중에 검간 자신도 염병에 걸리고 말았다. 이 때문에 21일까지 일기를 궐하였다고 한다. 일기는 22

일에 의병대장이 행재소에 가지고 갈 장계 작성 때문에 그의 귀환을 재촉하였으나, 병세가 아직 심하여 움직일 수 없으니, 지극히 민망하다고 적고 있다. 그러나 그가 미처 완쾌되기도 전인 4월 2일에 모친이 돌아가셨다. 돌림병 때문이었다. 10일, 속리산 가까운 곳인 보은 궁평에 임시로 분묘를 쓰고 그곳을 지켰다. 이 때문에 20일까지 일기가 없다고 한다. 그러나 21일 아들도 돌림병에 걸려 위태롭다는 기별을 듣고 노동으로 급히 되돌아왔다. 며칠 뒤인 28일 궁평으로 다시 돌아가 모친의 묘소를 살폈다. 5월 1일, 제물을 대략 갖추어 궤연에 전을 올렸다. 그리고 5월 3일에 궁평을 떠나 노동으로 갔다. 이날 일기에는, "난리에 표박하는 인생이 어머님 산소를 떠나 내 목숨만 구차히 보전하려 한다. 묘하에 머물지도 못하고 의병진에 종사하지도 못하니, 천지간에 죄를 짓고 충과 효를 모두 저버렸다. 오장이 찢어지니 망극하고 망극하다."라고 적었다. 이날 의병 일도 기록하였다. 오후에 노동에 도착하자, 대장의 편지가 와 있었다. 어제 당교에서 명나라 장수와 평생지교를 만난 듯이 반갑게 만났다고 한다. 저녁에 용호암의 진소로 가니, 대장은 명군이 상주에서 당교로 되돌아온다는 연락을 받고 이미 떠났고, 정 좌랑佐郎 등 여러 사람이 진영에 머물고 있었다. 그들과 명군 접대 일을 협의하고, 아울러 순찰사에게 보낼 문서를 다듬었다.

7일에 사건이 하나 있었다. 당교에 주둔하고 있던 명나라 장수 송호한과 전창 및 통사通詞 한언린 등이 아군 두 명을 거느리고 적세를 살피려고 선산으로 갔다. 상원산 골짜기에 도착하였을 때, 느닷없이 왜적들과 마주쳐 접전이 벌어져 위험에 빠졌다. 그때 마침 우리 진영의 군관 김극철, 신담, 정범례, 이축 등이 수십 명의 군인을 거느리고 도착하여 힘을 다하여 그들을 구출하였다. 신담과 김극철이 각기 송과 전 두 사람을 보호하고 빠져나왔으므로 그 덕에 겨우 죽음을 면하였던 것이다. 그들을 데리고 창의군 대장이 있는 곳으로 가자, 두 사람은 '오늘 우리가 살아난 것은 모두 장군이 베푸신 덕분'이라며 울면서 감사하였다고 한다.

그러나 이날 나쁜 소식도 전해졌다. 학봉 김성일이 진중에서 세상을 떠났다는 것이다. 확실치 않은 것이므로 미덥지 않았지만 놀랍고 슬프다고 일기는 적었다. 6월 8일 전식과 함께 강좌로 떠나 9일에 안동부에 도착하였다. 11일 그곳에서 학봉 선생의 부고를 받았다. 지난달 돌림병에 감염되었다가 29일에 운명하였다는 것이다. 검간은 "왜란 이후 강우 일대가 모두 이 어른의 힘을 입었는데, 지금 갑자기 빼앗아 가시니, 하늘은 어찌 우리나라를 재조하지 않으시려는가. 공적으로나 사적으로나 전부 통곡할 일이다."라고 크나큰 슬픔을 기록해 두었다.

3) 가규 조익의 의병 활동

조익은 임진왜란 때 상주 의병 충보군에서 활동하였다. 충보군은 8월 16일 노대하, 김홍미, 조익 등이 궁수 10여 명을 모아서 속리산에서 창의하자, 청주·보은·상주의 사족 70여 명이 호응하여 조직되었다. 대장에는 김홍민을 추대하였고 중위장에는 이제경을 선발하였다.

충보군은 백갈촌, 율도, 대현, 중모, 공성, 금산에서 복병, 매복, 전투를 수행하여 전과를 올렸다. 충보군은 활동을 위한 군량과 무기를 호남의 순상巡相으로부터 군기와 한산미 20석을 분급받아 조달하기도 하였다.

정기룡이 상주의 가판관으로 부임한 이후 충보군은 화령 전투, 유성 야습, 함창과 화령 등에 매복하면서 활동하였다. 특히 상의군, 장주진관 군사 등과 더불어 상주와 선산의 경계 지점인 죽현에 6진을 설치하여 두 왕자를 구출하기 위한 작전을 세웠다. 죽현은 상주와 선산의 경계 지점으로 일본군이 주둔하고 있던 지역이다. 12월 말에 선산부사 정경달은 김각, 김해, 정기룡, 한명윤 등을 만났으며, 이후 순찰사가 죽현 6진을 설치할 것을 제안하였다. 이에 1593년 1월 초순에 정경달을 대장, 정기룡을 부장으로 하는 죽현 6진을 설치하였다. 이에 상주 의병 1,000여 명도 우구에서 머물렀는데, 정기룡의 관군은 500명, 선산 군사는 1,200명이 동원되었다. 이때 참여한 상주권 인사는 상주판관 정기룡, 상주목사 김해, 상주의병대장 김각, 충보군 김홍민 등이었다. 그러나 왕자 구출작전은 일본군이 나타나지 않아서 실행되지 않았다. 이 시기 충보군의 주요활동은 화령 전투, 함창 매복, 유성의 적 야습, 죽현 매복 등이었다.

명군 주둔 이후 충보군의 활동은 명군의 지원 활동, 창의군과 합진, 백천 등에 매복하는 것이었다. 특히 의병의 유지를 위해서 필요한 군량을 해결하기 위해 조익이 군량을 얻으러 호서 지방에 가기도 하였다. 이 시기 충보군의 주요 활동은 백갈·이천·율도 매복 작전을 수행하고, 상주의 적을 퇴각시키는 것이었다.

4 종가 직계 후손들의 행적

1) 조학경

조학경趙學經(1697–1756)의 자는 사중思仲이고 호는 운곡雲谷이다. 그는 타고난 천성이 온화하고 순수하였는데, 8–9세에 글을 읽기 시작하여 대의大義에 통하였다. 일찍이 철쭉을 두고 지은 시는 보는 사람들마다 감탄하였다고 한다. 성장하여 금수에 사는 밀암密庵 이재李栽 선생을 만나, 학문에 뜻을 두어 『근사록近思錄』 등 성리 서적을 공부하였다.

그는 항상 말하기를, "학문이란 일상생활을 하는 동안에 이치와 의리에 맞도록 하는 것뿐이니, 학문을 한다고 떠들면서도 그 실행이 없는 것을 나는 취하지 않겠다."고 하였다. 이렇게 평생 스스로를 지키면서 안으로 충실하게 하고 밖으로 나타내지 않으니, 향리에서 알아주는 사람이 없었다. 그러나 나이가 들자 신망이 널리 퍼져 원근의 사람들이 믿고 따랐다. 청대 권지사權知事는 공을 칭찬하여, '강우江右 지방의 제일인자'라고 하였다.

대산大山 이상정李象靖은 조학경의 처남인데, 두 사람은 함께 밀암 이재의 문하에서 수학하였다. 검간 조정의 문집 간행을 위한 모든 자료들이 미수眉叟 허목許穆의 집에 있었는데, 허목의 집이 화재로 불타게 되었다. 오랜 세월이 흐른 뒤였지만, 조학경이 사방을 찾아다니며 새로이 자료들을 수집하여『검간선생문집黔澗先生文集』을 간행하였다. 이상정은 조학경이 세상을 떠난 후 만사에서 "부귀에는 관심 없이 가난해도 즐거웠고, 시서뿐인 사방 벽에도 웃으며 지냈었지."라 하고 "남쪽(남인)의 선비들이 이제 누굴 의지할까."라고 애도하였다.

2) 조목수

조목수趙沐洙(1736~1807)의 자는 사위士威이고, 호는 구당舊堂이다. 존성재存省齋 조석우趙錫愚의 장자이다. 그는 여러 차례 천거되었으나 벼슬길에 나가지 않았다. 수십 권의 유집이 있다. 그는 퇴계 이황의 학통을 이어받아 계당溪堂 류주목柳疇睦으로 이어지는 영남 성리학 학맥의 한 줄기를 이루었다.

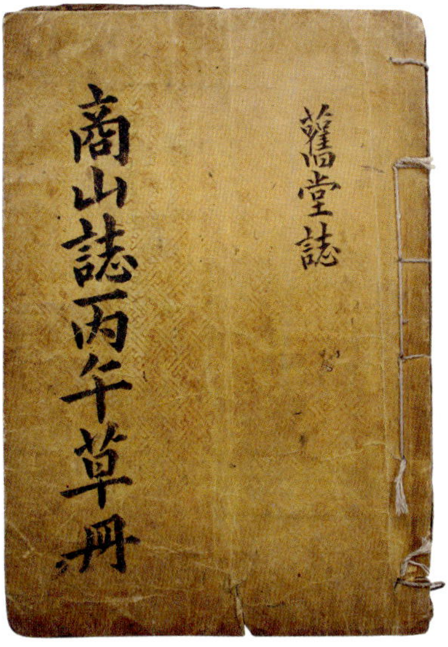

『상산지』 병오초책(상주박물관 제공)

조목수는 상산삼로商山三老의 한 사람이다. 상산삼로는 입재 정종로鄭宗魯, 손재 남한조南漢朝, 구당 조목수趙沐洙이다. 그가 정조 때 『상주읍지』를 써서 이를 『구당본舊堂本 상산지商山誌』라 하였다고 한다. 원래 『상산지』는 창석 이준李埈(1560–1635)이 최초로 편찬했던 경상북도 상주의 읍지로 7권 3책인데, 『상산지』 병오초책丙午草冊은 조목수가 병오년인 1786년(정조 10)에 편찬한 『상산지』의 첫 책이다.

3) 조남호

조남호는 현 종손의 증조부이다. 그는 대사간을 역임한 조남식趙南軾, 종형 조남탁趙南倬 등과 더불어 일본에 강제 병합이 되던 해에 신교육을 위한 학교를 설립하는 데 주도적인 역할을 하였다.

검간 조정의 교육에 대한 성심은 대대로 이어져 일제강점기의 국난기에도 민족혼 고취의 애국심으로 발양되었다. 검간 후손의 지사들이 사립풍창학교私立豐昌學校 설립의 목적을, "남자男子의 수요須要흔 처세상지식기능處世上智識機能을 수授흠으로써 목적目的흠"이라 하여, 남자에게 꼭 필요한 처세상의 지식과 기능을 전수함을 목적으로 한다고 하였다. 풍창학교의 표면적인 설립 목적은 처세를 위한 신교육 전수에 있다 하였으나, 내적으로는 신교육을 통한 민족혼 고취에 있었음을 알 수 있다.

1911년 2월 26일, 사립풍창학교 설립인가서를 도청에 낸 선각자는 전 문중을 대표한 교주 장례원 전사보 조남호趙南琥(1867-1934)와 교장 대사간 조남식趙南軾(1845-1920)이었다. 학교 설립에 필요한 물적·인적 자원의 확보는 물론 운영 세목까지 완벽하게 갖추었으나, 일제는 끝내 학교 설립을 허가하지 않았다. 비록 사립풍창학교를 개교시키지는 못하였으나, 경술국치를 만회하려 했던 항일 우국의 정신은 당시 사회에 끼친 영향이 적지 않았다.

학교 이름 풍창豐昌부터가 예사롭지 않다. 어의는 넉넉함, 창성함 등이나 속뜻을 보면, '풍양조씨가豐壤趙氏家에서 앞장서 창도唱導함'이란 의미심장함이 담겨 있다. 설립인가서를 낸 교주 조남호의 이력서 작성만 보더라도 일본의 연호를 쓰지 않고, 개국사백이십년開國四百二十年 등으로 조선 개국을 기준으로 한 연대를 썼으며, 그가 장례원 전사보에 서임敍任된 것은 융희사년칠월십삼일隆熙四年七月十三日, 곧 대한제국의 연호로 1910년 7월 23일이요, 의원면직한 것은 동년팔월이십팔일同年八月二十八日이니, 경술국치를 당한 지 엿새만이다. 한편 융희 2년(1908)에 반포된 칙령 제62호에 따라 '사립학교령에 의ᄒᆞ야 사립풍창학교를 설립하코자ᄒᆞ와'라는 인허신청서를 1911년 2월 26일에 경상북도도장관 이진호에게 제출하였다. 비록 학교를 설립하지는 못하였으나 검간 정신을 이어 자손으로서 부끄러움 없이 살려고 한 숭조상문崇祖尚門과 민족혼을 고취하려 했던 정신만은 오늘까지도 살아 있는 정신이 되었다.

4) 조태연

만당晩堂 조태연趙泰衍(1877-1934)은 신문명의 자각을 위하여 1920년 상주부 낙동면 운평리 속칭 널미 화락재和樂齋에 낙운사숙洛雲私塾을 개설하였다. 3·1운동이 비록 실패로 돌아갔으나, 이 신교육은 3·1운동 후 민중의 민족적 자각에 새 기운을 불어넣는 계기가 되었다. 처음에는 낙동면과 중동면을 비롯하여 선산, 의성 등지에서 모인 50명 내외의 학생을 교육하였지만, 학생 수가

'낙운사숙洛雲私塾'(조명강습소의 전신)으로 활용된 화락재和樂齋 건물 전경

급증하자 1921년에는 양진당養眞堂으로 학교를 옮기고 조명강습소로 개칭하였다. 이 이름도 어의로 하면 '아침이 밝다'이지만, 속뜻에는 조선의 개명을 희구하는 바람이 함축되어 있다.

학생 200여 명을 갑·을·병 3개 반으로 편승하여 신교육을 통한 민족적 자각을 꾀하고 나아가 민족혼 고취의 선두에서 인재를 양성하다가, 1924년 5월 1일 낙동초등학교가 개교함에 따라 문을 닫았다. 특기할 사항은 설립자가 우국지사였을 뿐 아니라 강습소 운영을 적극적으로 도왔던 낙재樂齋 조태연趙台衍(1895–1945)은 항일독립 유공자며, 강사였던 백담白潭 조상연趙相衍(1883–1974), 조성돈趙誠惇(1896–1945) 역시 민족정신이 투철한 지사였다는 점이다. 완도인 강사 소남小南 김영현金榮炫은 3·1운동 당시 목포와 대구형무소에서 장기간 복역한 항일지사였다. 이처럼 검간 정신은 300년을 내려오며 자손들의 의지처가 되고 활력소가 되어, 안으로는 자손을 흥기시키고 밖으로는 백성으로서 떳떳한 인간적 가치를 깨우쳐 왔다.

5 종가 인물들의 대표적 통혼권

종가에서는 혼맥을 중시하여 왔다. 이는 검간 조정의 가문도 예외는 아니었다. 상주는 지리적으로 열린 지대여서 조선시대에도 여러 정치세력의 영향이 미친 곳이다. 그래서 영남의 남인뿐만 아니라 서울에서 내려온 노론이 기반을 내린 곳이기도 하다.

그런데 검간 가문에서는 남인으로서 노론 가문과는 통혼을 하지 않았다고 한다. 지금도 상주 고을에는 노론 서원이 있지만, 검간 집안에서는 노론 서원에는 현재까지 가급적 참여를 안 한다고 한다. 검간 가문의 주요 혼반으로는 검간 선조의 증조모가 영의정 장순손張順孫의 딸이고, 조모와 모가 남양홍씨이다. 또한 검간은 의성김씨인 약봉 김극일의 사위이다. 검간의 딸 한 명은 퇴계 증손이며 동암 이영도의 아들인 수졸당 이기와 혼인하였고, 다른 딸 한 명은 동래정씨 매오 정영후의 아들인 정위와 혼인하였다. 근세의 주요 혼반으로는 검간공의 11대 종부가 예천권씨 초간정 종녀이고, 12대 종부가 하회 겸암 류운룡柳雲龍의 종녀이다.

한편 조정과 조익 형제의 직계 자손들이 맺은 혼맥을 족보를 통해 살펴보면 다음과 같다. 의성김씨, 완산최씨, 신평이씨, 남양홍씨, 연안이씨, 개성고씨, 경주손씨, 성산이씨, 여산송씨, 광산김씨, 밀양박씨, 흥양이씨, 풍산김씨, 완산이씨, 일선김씨, 안동권씨, 풍산류씨, 연일정씨, 고령이씨, 진양하씨, 진양강씨, 진양정씨 등 영남의 주요 문벌과 혼반을 맺고 있다.

제3장

종가의 의례와 자료

1 종가의 의례: 불천위

유교사회에서 제사는 가장 중요한 생활의례였다. 전통사회에서는 집안마다 제사를 모셨는데, 이때 제사는 종법宗法에 따라야 했다. 이러한 과정 속에서 자연히 종가가 생겨나고 제사의 주체가 되었다. 수많은 제사 가운데 가장 중시한 것은 불천위 제사였다. 때문에 전통사회에서 불천위는 집안의 품격을 가늠하는 기준이 되었다.

1) 검간 조정의 불천위 제사

검간 조정의 불천위不遷位 기일은 음력 7월 21일(비위 6월 7일)이다. 제사는 예전에는 기일 새벽 3–5시에 지냈으나, 근래 들어 새벽 6시경에 지내고 있다. 제관들이 당일 새벽에 참석하는 경우가 늘면서 시간을 조금 늦췄다고 한다. 불천위 제사는 원래 양진당 부근에 있는 추원당에서 지냈으나, 2008년부터 양진당 옆에 복원한 사당에서 지낸다. 참석 제관은 30–40명이며, 합설로 지낸다. 검간의 14대 종손 조대희(1950년생)는 서울에 살며, 불천위 제사 때 참석하고 있다.

2) 준비 과정

검간 조정의 불천위 제사는 풍양조씨 장천파의 문중 땅에서 나오는 돈과 부사공파 종중에서 일부 지원해 주는 돈을 사용해 지낸다. 예전에는 종부가 중심이 되어 제수를 준비하였다. 현재는 문중의 안어른들이 주축이 되어 준비한다. 10년 전만 해도 문중의 제사 준비를 맡아 하는 고지기가 따로 있었다. 고지기는 장천서원 옆에 있는 고직사에 살면서 문중 땅에 농사를 짓고 거기서 나온 수익을 가지고 제물을 마련해 문중의 제사를 준비해 주었다. 하지만 시대가 변하고 세월이 흐르면서 그 역할을 하려고 하는 사람이 없어지자 제사 준비는 고스란히 문중 안주인들의 일이 된 것이다.

제물 준비를 위한 장보기는 네 개의 파에서 한 명씩 뽑은 유사들이 한다. 1년씩 일을 보는데 일을 잘하거나, 일을 맡아볼 젊

집사분정

은 사람이 없으면 연임해서 2-3년씩 일하기도 한다. 제수 장보기는 보통 전년에 제사를 지내면서 작성해 둔 장부인 '흥성기'를 보고 준비한다. 전년도와 비교하여 빠지는 제물이 없도록 준비하며, 연세가 높고 경험이 풍부한 안어른이 꼼꼼히 준비하도록 당부하기도 한다.

3) 제수 마련

제수 음식은 양진당 제청과 부엌에서 만든다. 이때는 제수 음식뿐만 아니라 멀리서 오는 손님을 대접하기 위해 부추와 호박 등을 이용해 전을 굽고 마실 거리를 준비한다. 예전에는 제사를 준비하면서 제관이나 집안의 어린이들을 위한 음식을 먼저 준비해 두고 제수 음식을 준비했다.

제사를 준비하는 안어른들과 문중 어른들, 그리고 제관들을 위하여 간단한 밑반찬도 함께 준비한다. 이들 재료는 어른들이 손수 재배한 것과 시장에서 사온 것을 사용하며, 제수 장만이 거의 끝나가는 저녁 때 식사를 함께 한다. 제수를 준비하는 일은 하나부터 열까지 정성과 노력이 들어가는 일이다. 또 제사 음식 준비를 하는 내내 몸과 마음을 정갈히 하고, 음식 준비에 소홀함이 없도록 마음을 써야 한다.

(1) 편(떡)

제사 음식 중에서 가장 손이 많이 가고 힘든 일은 떡을 만들고, 그것을 괴는 일이다. 제철에 장만해 둔 재료를 잘 보관해 두었다가 불천위 때가 되면 떡의 재료로 쓰는 경우가 많다. 불천위 제사와 일반 기제사에서 준비하는 떡은 가짓수에서 차이가 있다. 본편인 시루떡은 일반 기제사 때도 준비하지만 큰 제사인 불천위 제사에는 본편 외에 다른 잔편(웃기떡)의 가짓수가 많아진다. 떡을 마련하는 데 사용된 쌀은 찹쌀과 멥쌀을 합쳐 총 25되이다. 이 일은 나이가 좀 있으신 안어른들 위주로 준비한다. 편은 가장 정성을 들여 장만해 올리는데, 본편(시루떡), 경단, 송기송편, 부편, 깨꾸리, 쑤꾸리, 잡과편, 전, 조악 등을 준비한다. 예전보다 제물이 많이 줄어 현재는 본편을 고위전에 11켜, 비위전에 9켜를 쌓는다.

가. 본편

불천위에는 본편으로는 시루떡, 찰편, 백편을 쓴다. 본편은 방앗간에서 만들어 오는데, 매년 제사 때마다 이용하는 방앗간이 있다. 본편은 가장 아래쪽에 괴는데, 시루떡, 찰편, 백편의 순서로 괸다. 본편을 쌓은 수는 홀수가 되어야 한다. 방앗간에서 가지고 올 때 제기의 크기에 맞춰 오는 것이 아니기 때문에 일일이 손으로 크기를 맞춰 자른 뒤 쌓는다. 떡을 쌓을 때 빈공간이 남지 않도록 틈을 메우는데, 이는 꼭꼭 눌러 쌓아야 여문 자손이 나온다는 속설이 있기 때문이다. 그리고 아래에서 위로 갈수록 편대가 조금씩 벌어지도록 떡을 괴는데, 이렇게 하면 편대가 벌어지는 것처럼 문중이 번창한다는 믿음이 있기 때문이다.

시루떡은 멥쌀을 빻아서 예전에는 팥가루 기피를 내어 묻혀 냈으나, 현재는 콩가루를 사용한다. 찰편은 찹쌀을 빻아서 쪄낸 뒤 준주고물(껍질을 벗긴 녹두)을 묻히고, 고명은 대추를 얹는다. 백편은 멥쌀을 곱게 빻아서 대추, 밤, 석이버섯을 고명으로 얹어 시루에 찐다. 떡의 상하에 앞뒤로 참기름을 바르는데, 이는 백편에 고물이 묻는 것을 방지하기 위해서이다.

나. 잔편(웃기떡)

본편 위에 올라가는 떡이다. 모양을 내기 위하여 얹는다. 잔편에 들어가는 고물은 콩, 팥의 껍질을 벗겨서 사용한다. 색깔을 맞추고 보기에 좋게 하기 위해서 잔편은 경단, 송기송편, 쑤꾸리, 부편, 깨꾸리, 잡과편, 전, 조악의 순으로 얹는다.

가) 송기송편

모양은 일반 송편과 비슷하다. 만드는 방법도 크게 다르지 않지만, 찹쌀과 송기의 배합이 만들어진 후 향과 색깔을 결정짓는다. 송기송편의 소는 콩가루로 만든다. 찌고 난 뒤에 참기름을 바른다. 송기를 마련하는 데 많은 품이 들기 때문에 가장 만들기 힘든 떡이자 가장 중요한 편이라고 여겨지며, 맛이 가장 좋은 떡이라고 생각한다.

나) 경단

찹쌀가루를 뜨거운 물에 익반죽하여 밤톨만한 크기로 동그랗게 빚는다. 냄비에 물을 붓고 물이 끓으면 경단을 넣고, 경단이 물 위에 떠오르면 건져내어 물기를 뺀다. 물기가 빠진 경단에 볶은 콩가루를 묻힌다.

다) 부편

부편은 찹쌀로 반죽을 하고 빚은 후에 고명으로 대추를 네 등분하여 올린다. 속은 껍질을 벗긴 팥으로 만든다. 다 빚은 다음 쪄낸 뒤, 준주고물이라 해서 삶아서 껍질을 벗긴 녹두를 골고루 묻힌다.

라) 잡과편

찹쌀을 재료로 하여 5cm 정도의 둥글고 납작한 모양으로 빚는다. 둥글고 납작한 모양으로 빚은 찹쌀을 뜨거운 물에 익힌 다음, 체에 친다. 그리고 밤, 대추, 석이버섯으로 만든 고명 위에 굴린다. 그런 다음 시루에 올려 찐다. 떡이 익고 나면 마무리로 겉면에 참기름을 바른다.

마) 깨꾸리(흑임자 경단)

흑임자 검은깨는 볶은 후 빻아서 가루로 만들어 둔다. 찹쌀 반죽을 밤톨만 한 크기로 빚은 후, 끓는 물에 삶아내 이 흑임자

가루를 묻힌다. 경단을 검은깨 위에 굴렸다고 하여 이 마을에서는 '깨꾸리'라고 부른다.

바) 쑤꾸리(기피 팥고물)

쑤꾸리는 찹쌀가루에 쑥을 섞어 반죽을 한다. 복주머니 모양으로 만들며 속에는 껍질을 벗긴 팥고물을 넣는다. 모양을 낸 떡을 쪄낸 뒤, 팥가루를 겉에 발라 준다.

사) 전·조악

전은 찹쌀로 익반죽하여 부치고, 대추를 꽃 모양으로 올려 장식한 뒤 기름에 부친다. 그 뒤 설탕을 묻힌다. 조악은 찹쌀로 빚은 후 콩고물을 안에 넣고 기름을 둘러 구운 뒤, 설탕을 입힌다. 조악은 생긴 모양이 조개와 닮아서 생긴 이름이라고 한다.

제수 가운데 편의 모습

떡을 괴는 것은 많은 시간과 정성이 들어가는 일이다. 예전에는 유사들이 직접 밤을 새워 괴었지만, 현재는 문중의 안어른들이 대신한다. 능숙한 사람은 혼자서 하기도 하지만 보통은 두 사람이 한 편대를 괸다. 한 사람은 떡을 편대에 맞춰 자르고, 나머지 한 사람은 떡을 편대에 괴는 것이다. 떡은 만들어 놓은 것을 식혀서 괴는데, 이는 음식이 상하는 것을 방지하기 위해서다.

(2) 구이

모두 7종류의 육류와 어류를 올린다. 명태는 건어의 상태로 올린다. 명태 위에 조기를 18마리 올리고, 그다음에 홍어를 올린다. 예전에는 홍어 위에 집산적, 돼지고기, 서래, 바지산적을 올렸다. 산적은 대나무 꼬챙이에 무, 우엉, 배추 등 나물을 색색이 꿰어 구운 적이고, 집산적은 대나무 꼬챙이에 꿰인 적, 바지산적은 소고기를 넓게 펴서 생고기를 꼬챙이에 꿰어 흰깨로 고명을 하여 맨 위에 올리는 적이다. 이를 초헌적이라 한다. 아헌적은 닭고기에 지단을 올리고, 종헌적은 방어를 쓴다.

(3) 포

포는 대구포 위에 육포와 문어포를 올린다. 문어포는 건문어 다리로 꽃모양을 내어 오려낸다.

(4) 방어

이 문중은 종헌적으로 방어를 쓴다. 방어는 날렵하고 용감하여 자손 중에 이와 같은 자손이 태어나기를 고대하여 쓴다고 한다. 방어는 날것을 그대로 올린다. 묘사 때도 방어를 사용한다. 때문에 상주 지역에서는 옛날부터 조씨 문중 때문에 상주에 방어가 있다는 이야기가 회자되고 있다고 한다.

(5) 전과, 약과, 다식

전과는 박이 주재료이다. 박으로 바가지를 만들기 전, 속을 후벼낸 후 얇고 길게 썰어 말린 박을 엿으로 조려 박전과를 만든다. 때로는 연전과, 도라지전과도 사용한다.

약과는 밀가루에 생강과 탁주, 정종, 그리고 꿀과 엿을 넣어 오래 치댄 뒤 조그맣게 떼어 내어 방망이로 밀어 가며 네모, 세모 모양으로 만드는데, 젓가락으로 구멍을 낸 것은 기름이 잘 들어가도록 하기 위해서이다. 기름은 반드시 들기름을 써야 색깔이 짙어진다. 고명으로 꿀을 바르고 잣을 박는다.

다식은 흑임자깨와 콩가루, 송홧가루를 각각 따로 준비하여 꿀을 섞어 다식판에 찍어 낸다. 전과, 약과, 다식은 제사가 다가오면 미리 만들어 준비를 하였지만, 요즘은 법도를 아는 문중 안어른들에 의해 젊은 안어른들에게 전수 중이다.

(6) 제주

소곡주를 올린다. 소곡주는 주로 10월 묘사용 제주나 동절기 술로 사용한다. 집집마다 가양주가 있겠지만, 검간(조정)종가는 국화꽃 필 무렵 소곡주를 담가서 제주로 사용한다. 현재도 이를 주로 사용하지만, 때에 따라 법주나 정종을 올리는 경우도 있다.

(7) 국수

요즘은 외국수를 쓰지만, 예전에는 곱게 민 국수를 올렸다. 도면刀麪을 곱게 밀어 썰어서 삶은 뒤 찬물에 건져내어 고명으로 계란날림, 김, 고사리를 얹는다.

(8) 쌈

쇠고기 생간과 천엽을 썰어 각각 한 접시씩 올린다. 생간은 번육으로 올리는 것이고, 천엽은 쌈으로 올리는 것이다. 기제사 때에는 다시마를 올리기도 하지만, 불천위 제사 때에는 반드시 천엽을 올린다.

(9) 탕(5탕)

탕은 육탕, 계탕, 북어탕, 소탕, 열합탕의 순서로 오탕을 준비한다. 소탕은 두부와 다시마를 넣어 만든다. 철에 따라 동절기에는 방어탕, 하절기에는 북어탕을 쓰기도 한다.

(10) 과(대추, 밤, 호두)

대추, 밤, 호두를 괴는 것은 바깥어른들이 맡아 한다. 한 켜 한 켜 쌓을 때마다 창호지를 놓고, 대나무 꼬챙이를 얇게 만들어 서로 걸치고 하므로 많은 정성과 노력이 필요하며 숙련된 기술을 요한다.

(11) 과일

계절과일을 준비한다. 보통 사과, 배, 수박, 곶감을 준비한다.

4) 제의 과정

현재는 새벽 5시에 밥을 안치고, 준비해 둔 나물을 볶는다. 또 신위전에 올릴 국수를 삶는다. 검간 선생의 불천위는 새벽 6시에 지낸다. 7-8년 전만 하더라도 새벽 3-5시 사이에 지냈다. 불천위 제사는 양진당 옆에 위치한 사당에서 지낸다.

종손은 제사를 위해 서울에서 새벽 3시 반에 출발해 시간에 맞춰 도착했다. 제사 전 집사분정을 시작했다. 이날 집례를 선정한다. 집사분정은 각 파별로 항렬과 연장자가 우선이 되어야 하며 파별로 한 명씩은 들어가도록 안배를 해야 한다.

풍양조씨 장천파는 네 개의 파로 나뉜다. 첫 번째 종파는 초은공파로 자손들이 주로 승곡리와 운평리에 살고 있다. 두 번째는 유담공파로 자손들이 주로 유곡과 승곡리에 살고 있다. 세 번째는 포두파(동추공파)로 자손들이 화동 선교리에 거주하며, 네 번째는 어헌파(병록공파)로 외답에 자손들이 살고 있다.

불천위 제례는 다음과 같은 순서로 진행된다.

(1) 출주

이 문중에서는 원래 출주를 하지 않고 사당에서 제사를 지낸다. 각 가문마다 전통적인 예법이 있겠지만, 이 문중은 비가 오거나 눈이 오는 등 일기가 좋지 않으면, 출주하여 양진당 제청에서 제사를 지낸다. 출주는 사당에서 검간 조정의 신주를 제청으로 모셔 오는 과정이다.

(2) 진설

준비된 제수를 제상에 진설한다. 이는 좌집사와 우집사가 종가의 방식에 따라 진설한다. 제수를 진설하는 과정에서 경륜이 높은 문중 어른의 조언에 따라 조금씩 조절해 가며 간격을 맞추기도 한다.

(3) 분향 강신

초헌관이 처음 잔을 올리기 전에 돌아가신 조상을 내리게 하기 위하여 향을 피우고 신위 앞에 재배한다. 재배 후 자리로 돌아갔다가 다시 신위 앞에 꿇어앉아 술잔에 술을 따라 모사기(퇴

진설

불천위 감실과 제상

주기)에 붓고 다시 재배한다. 종손은 재배 후 원래 자리로 돌아가며, 신위 앞에 나아가기 전에는 관세의 과정을 거친다.

(4) 참신

조상이 내려왔다고 생각하고 신주 앞에 절을 하는 과정이다. 참여한 제관 전체가 재배한다.

(5) 진찬

좌우 집사가 준비된 제물 중 생선과 고기, 밥, 국, 면, 편, 탕 등의 주식을 제상 위에 차린다.

(6) 초헌

초헌은 신위께 첫 번째로 잔을 올리는 것이다. 초헌관은 종손이다. 초헌관은 신위 앞에 나아가기 전에 관세를 한다. 그 뒤 신위 앞에 무릎을 꿇고 앉아 첫 술잔을 올리면 좌우 집사는 구이를 올린다. 좌우 집사는 밥과 국의 뚜껑을 연다. 축관이 종손 좌편에 동향 궤하여 축을 읽는다. 초헌관은 재배한 후에 다시 원래 자리로 돌아간다.

(7) 아헌

아헌은 신위께 두 번째로 잔을 올리는 것이다. 아헌은 원래 종부가 행하도록 되어 있지만, 불참 시에는 행고 연장에 따라 식

분향강신

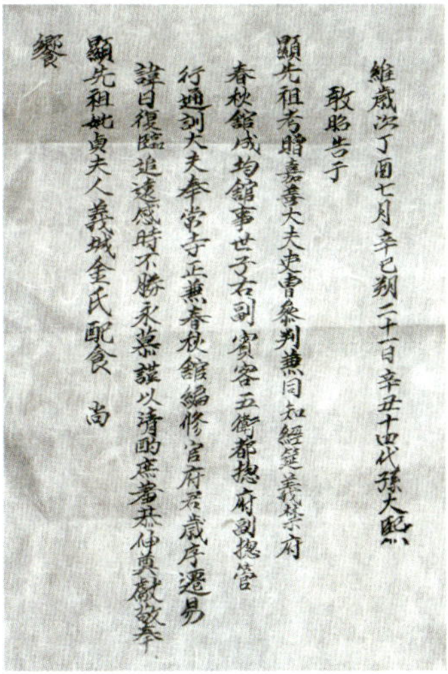

維歲次丁酉七月辛巳朔二十一日辛丑十四代孫大熙
敢昭告于
顯先祖考贈嘉善大夫吏曹參判兼同知經筵義禁府
春秋館成均館事世子右副賓客五衛都摠府副摠管
行通訓大夫奉常寺正兼春秋館編修官府君歲序遷易
諱日復臨追遠感時不勝永慕謹以淸酌庶羞恭伸奠獻敬奉
顯先祖妣貞夫人義城金氏配食 尙
饗

축문

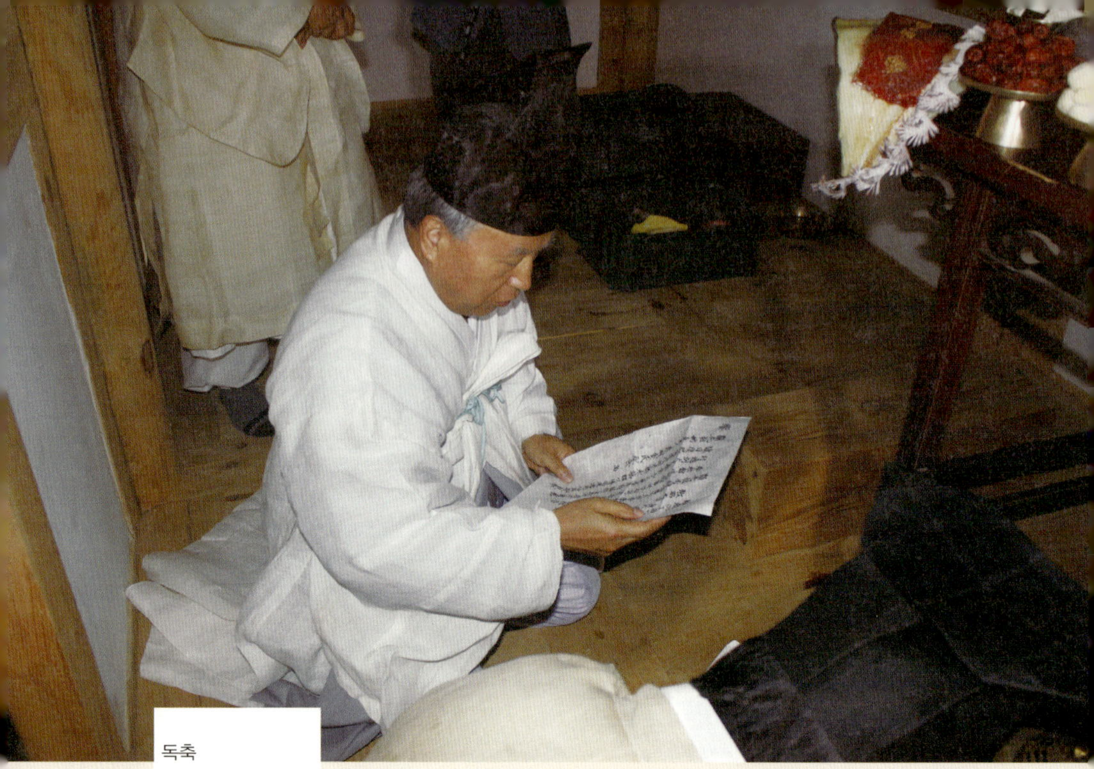

독축

합문

전의 집사분정 시 결정한다. 초헌에 올렸던 잔을 내려 초헌 때와 같은 방법으로 잔을 올린다. 아헌적은 닭을 올린다. 재배 후 원래 자리로 돌아간다.

(8) 종헌

종헌은 세 번째 잔을 올리는 것이다. 절차는 초헌, 아헌과 같다. 다음 순서인 첨작을 위해 술잔에 술을 가득 따르지 않는다.

(9) 첨작

종손이 신위 앞으로 나아가 꿇어앉는다. 밥그릇 뚜껑에 술을 따라 종헌관이 올린 잔에 술을 가득 채워 붓는다. 재배를 한 후 원래 자리로 돌아간다.

(10) 합문

제사 음식을 조상께서 드시는 시간이라 생각하며, 편히 드시라고 사당 문을 닫고 모두 바깥으로 나가 부복한다. 부복 시간은 약 3분으로 축관이 삼희흠(세 번의 헛기침소리)을 내면 모두 일어난다.

(11) 계문

사당 문을 여는 과정이다.

(12) 철갱, 헌다

조상이 식사를 마쳤다 생각하여 국을 물리고 숭늉을 올리는 과정이다. 집사들은 제사상에서 국을 내리고 준비된 숭늉을 제상에 올린다. 숭늉은 준비된 물에 제상에 있던 밥을 조금 삼초반하여 대신한다. 모두 국궁한다.

(13) 고이성告利成

축관은 초헌관 앞으로 나아가 이성을 고한다.

(14) 사신

조상에게 하직하는 인사로 참사자 모두 재배한다.

(15) 합독, 분축

신주를 덮고 신위의 문을 닫는다. 축관은 바깥으로 나가 축문을 태운다.

(16) 철시복반

제사를 마친다. 제관들은 사랑의 큰방으로 자리를 옮긴다.

(17) 철상

제상에 있는 음식들을 내려 음복을 준비한다.

(18) 음복

제사가 끝나면 제사에 쓴 음식을 함께 나누어 먹는다. 원래는 술을 한잔씩 나누어 먹음으로써 조상의 복을 나눠받는 의미이지만, 요즘은 술과 함께 음식을 차려 먹는다. 종손과 문중의 회장은 독상을 받고 나머지 제관들은 겸상을 한다.

이런 절차를 거쳐서 검간 조정의 불천위 제사는 끝이 난다. 제사상 차림부터 제관, 참여 인원 등 예전과 비교해서 달라진 점이 많다. 하지만 시대가 변하고 후손이 바뀔지라도, 변하지 않는 것은 불천위 제사에서 종손이 차지하는 위치이다. 현재 종손은 종가를 떠난 지 오래되어 제사의 준비 과정에서는 큰 역할을 하지 못하지만, 제의가 시작되면 제의를 진행하는 내내 가장 중심이 되어 제례를 이끌어 간다. 종가를 지키고 제사를 모시기 위해 준비하고, 손님을 맞는 역할에 있어서는 여러 부족함이 있지만, 그래도 종손은 문중의 구심점일 수밖에 없다.

5) 불천위 조상

검간 조정은 조부 밑에서 어릴 때부터 가례를 전수받고, 한강 정구鄭逑와 학봉 김성일金誠一 문하에서 성리학을 공부하고, 성리학의 요체가 되는 충·효를 몸소 실천한 인물이다. 임진왜란 때 자신이 직접 창의하고, 두 아들을 화왕산성의 망우당 곽재우郭再祐

휘하에 보냈다. 임진왜란 와중에도 가솔이 참살당하지 않도록 충청도 보은까지 40여 명의 가솔을 피난시켰다. 그리고 임진왜란 7년 동안 일기를 써 남긴 것은 임진왜란사에 큰 자료가 된다. 이런 그의 모습이 그를 불천위가 되게 했다고 생각된다.

6) 봉제사 접빈객

봉제사 접빈객은 지손들의 도움 없이는 불가능하다. 봉제사는 한식다례, 불천위 기제, 중구다례, 묘제, 명절제사로 이루어진다. 하지만 양반도 시속을 따른다는 말이 있듯이 형편상 명절제사는 불가피하게 줄이게 되었다.

행사일 전날 종회장의 지휘 아래 수유사의 인도로 홍성기를 참조하여 제물을 전사청에 놓으면 지손가 안어른들의 헌신 노력으로 정성껏 제물을 준비한다. 제기 세척부터 제물 괴기까지 모든 절차가 지손가 안어른들의 손에서 이루어진다. 이를 종회장이 최종 점시하면 제물이 상하거나 흐트러지지 않도록 밀봉 보관하여 당일 행사에 쓴다. 행사 당일 헌관, 집례, 축, 집사는 분정을 통하여 제관을 정하고 행사가 이루어진다.

행사 후 지손가 안어른들이 종손, 종회장, 헌관의 독상을 시작으로 제관들에게 정성스런 비빔밥을 내놓으면 음복을 통하여 조상의 향기를 맡으며, 모든 봉제사 절차가 끝난다. 이 모든 절차는 종중의 종회장이 지휘·감독하여 무사히 행사가 마치도록

하고 있다.

한편 다른 집안에서는 종손이 봉제사를 받들고 접빈객을 하지만,

> 저희들 집에서는 종손이 서울에 살 뿐만 아니라 양자를 해놓으니까 종가의 정서가 너무 희박해요. 그래서 자손가 안어른들이 제수를 장만해서 불천위 제사를 받들고 있으며, 접빈객도 장천서원 향사나 연수원 개관식이나 연수원 4박 5일 동안 하는 것도 모두 자손가 안어른들이 손수 밥을 해서 제공을 하곤 합니다. 종회장 감독하에 지금 봉제사를 받들고 있어요.

라고 말씀하셨다.

2 종가의 가전家傳 음식

종가에는 종가마다 색다른 종가 음식이 전해 온다. 그런 점에서 종가 음식은 가보家寶라고 할 수 있다. 종가 음식은 경험과 정성에서 우러나오는 귀중한 문화자산이다.

검간 종가의 음식으로는 다른 종가와 기본적인 제수는 동일하지만, 편으로 송기송편, 찬으로 수란·신선로, 제주로 소곡주(백일주), 음료로 점주를 사용하는 것이 특징이다.

1) 송기송편

송기는 소나무 속껍질을 말한다. 송기를 채취하여 보관해 두

송기송편

었다가 제삿날이 되면 송기껍질을 소다와 섞어 삶는다. 찹쌀가루 2/3와 멥쌀 1/3을 섞어 떡을 만든다. 모양은 일반 송편과 비슷하다. 만드는 방법도 다르지 않지만, 찹쌀과 송기의 배합이 만들어진 후 향과 색깔을 결정짓는다. 연한 갈색이었던 송기송편을 흰 보자기 위에 올려 찌고 나면 짙은 갈색이 된다. 찌기 전 송편의 색깔을 보면 송기가 적은 듯 여겨져도 쪄 내면 색깔이 진하게 나오기 때문에 송기의 양을 조절하는 것이 가장 중요하다. 송기송편의 소는 껍질을 벗긴 팥고물(흰고물)로 만든다. 찌고 난 뒤에 참기름을 바른다. 송기를 마련하는 데 많은 품이 들기 때문에 가장 만들기 힘든 떡이자, 가장 중요한 편이라 여겨지며, 맛이 가장 좋은 떡이라고 생각한다.

2) 수란

수란은 양반가의 음식으로 정평이 높다. 중요한 손님이 오면 수란을 내어 놓는다. 상객의 상에는 반드시 오르는 음식이다. 만드는 법은 모든 종가가 비슷하지만, 검간종가는 약간 다르다. 먼저 탕기에 계란을 넣고 용도에 맞추어 삶아 건져낸다. 그리고 계란을 삶은 물에 식초와 설탕 등을 조미하여 새콤달콤한 맛을 낸다. 이때 음식의 색깔을 위하여 간은 반드시 소금으로 한다. 이후 참기름을 둘러 향미를 돋운다. 잣과 추자를 갈아서 그 가루를 계란 삶은 물에 넣고 고명으로 실고추를 십자 모양으로 넣고 석이채와 파채를 조금씩 얹어 색깔을 맞춘다.

수란을 만들 때 물에 식초를 떨어뜨리는 것은 흰자의 응고를 돕기 위해서이다. 달걀을 이용하는 방법에 따라 명칭이 다양하다. 손님들의 기호에 따라 날로 쓰는 경우는 생란, 익히는 경우는 숙란이라 한다. 익히는 정도에 따라 반숙란, 전숙란으로 구분하여 접대한다. 달걀은 단백질이 많아 영양가가 높으며, 반숙으로 익혔기 때문에 소화율이 좋아 아침식사나 술안주로 이용한다.

3) 신선로

종가에서는 예전에 신선로가 반찬과 안주로 사용되었다. 상객의 상에는 번거로움과 요리의 거북함으로 인해 잘 오르지 않고, 중요한 손님이 오면 술안주로는 꼭 신선로를 해 올렸다. 만드는 법은 6칸짜리 신선로 탕기를 사용하여 야채를 골고루 올린다. 즉 버섯류(표고, 송이, 석이, 느타리 등), 실고추, 파, 붉은 무(요즘 당근), 미나리, 부추를 색색이 맞춘다. 요즘은 음식 재료의 다양화로 야채의 종류가 많이 바뀌었다. 각종 채소의 색깔을 골고루 맞춘 후 중앙에 소고기 살코기를 얹으며, 육수는 소고기 삶은 물을 붓는다. 예전에는 화롯불 위에 얹거나 화로를 사용하였지만, 현재는 알코올 램프를 사용한다. 요즘의 음식으로 치면 전골인 셈인데, 요리 과정이 복잡하고 불편하기 때문에 중요 손님의 술안주로 가끔씩 제공된다.

4) 소곡주(백일주)

검간종가의 소곡주는 주로 10월 묘사용 제주나 동절기 술로 사용한다. 집집마다 가양주가 있겠지만, 검간종가는 국화꽃 필 무렵에 소곡주를 담근다. 먼저 재료로는 멥쌀 5되, 찹쌀 5되에 빻은 누룩가루 3되를 쓴다. 누룩가루는 물로 걸러내어 짠다. 땅을 파고 주변에 왕겨를 채운 후 단지를 묻는다. 먼저 멥쌀 5되로 고두밥을 지어 짜낸 맑은 누룩 물에다 부어 놓고 3–4일 후에 찹쌀 고두밥을 지어 밑술에 부어 놓는다. 이때 잘 저어서 밀봉을 한다. 백일 만에 개봉한다고 해서 백일주라고도 하는데, 개봉을 하면 말간 술이 되어 있다. 용수를 박아서 청주가 고이면 걸러낸다.

이것이 소곡주인데, 보통 찹쌀, 멥쌀 1말 기준에 물은 1말 반 정도를 사용한다. 청주를 걸러낸 후 남은 지게미는 건져내어 감미료를 묻혀 간단한 식료품이나 안주로 사용하기도 한다.

5) 점주

검간종가의 음료로는 점주를 내어 놓는다. 안동은 안동식혜, 다른 지역은 감주 등을 내어 놓지만, 검간종가의 음료는 점주이다. 만드는 방법은 먼저 엿기름 한 되를 전날 걸러서 맑은 물만 내린다. 그 물을 미지근하게 데워서 찹쌀 한 되를 고두밥을 지어 그 물에 섞어 넣는다. 이를 따뜻한 곳에 다섯 시간 정도 보관하면, 쌀이 삭아 한두 개가 떠오르기 시작하는데, 이때 손으로 만져 비벼 말리면서 체를 받쳐 쌀을 분리해 낸다. 물은 물대로 보관한다. 건져낸 쌀은 맹물에 담가 끓이고 엿기름 물은 별도로 끓이되 설탕으로 약간 단맛을 낸다. 중요한 것은 엿기름과 쌀을 반드시 분리해야 한다는 점이다. 상에 올릴 때는 엿기름 물에다 물을 짜낸 쌀을 띄운다. 이러면 맑은 물에 쌀이 둥둥 뜨게 되는데, 이것이 비법이다. 고명으로는 반드시 잣을 쓴다.

종가의
의례와 자료

3 화수회·계 등의 문중 조직

1) 옥류정 승폭계

검간종가에서는 현재 매년 3월 1일에 정기총회를 하고, 또 안건이 발생하면 임시총회를 열어서 결정한다. 검간종가에서는 오래전부터 계를 조직하여 친목을 도모하였다. 옥류정 승폭계勝瀑稧도 그 가운데 하나이다. 옥류정 승폭계는 1924년 조남호趙南琥가 주창하고 문중, 유소, 사림이 청하여 동일하게 수행할 뜻으로 절목을 완성하고 승폭계라고 이름 붙인 것이 그 연원이다.

갑자년에 조남호가 쓴 「승폭수계서」에 보면, 선대의 부형들께서 검간 선조께서 장구杖屨를 갖추고 거닐며 쉬시고 학업을 정진하던 곳에 두어 칸 집을 마련하여 경모하고 추념하는 일을 이루고자 하였다. 하지만 이루지 못하고 세월이 흘러 영향력이 점점 막연하고 미진해진 것은 바로 우리의 책임이라며 슬퍼하였다. 이에 종회를 열어 얼마의 명전名錢을 내고, 각처의 유소儒所에도 배정을 할 것이며, 사림士林에게는 감히 청할 수 없지만, 혹 찬조하려는 뜻이 있는 곳만 받아 명명한 것이라고 하였다.

좌목座目에 보면 문중 인원 229명이 참석하여 「승폭수계완의勝瀑修稧完議」를 만들었다. 또한 도남단소에서는 도남단소통문道南壇所通文을 통유하고 파임록爬任錄을 작성하여 옥류정 창건 때 70여 명의 인원을 파견하였다. 정각을 짓는 일을 당하여 공역을 감독할 주무자를 정하고, 약간의 정성이라도 바쳐서 그 훌륭한 일을 완성하는 데 보탬이 되었다고 기록하고 있다. 본주 상주를 비롯한 경상 좌·우도 유소와 문중 및 개인의 협찬으로 완성된 옥류정에서 시회를 개최한 것이 93년 전의 일이며, 현재까지 명맥을 이어오고 있다.

비록 풍양조씨 문중이 주도하였지만, 임진왜란 때 국난을 극복하기 위해 노력한 조정의 장구지소를 택해 승폭계를 조직하였다는 점, 옥류정을 건립하는 데 상주 지역 학문의 중심인 도남서원이 유림에 도남통문을 내어 기금 마련에 협력하였다는 것의 의미는 매우 크다고 생각한다. 한편 이러한 문중의 노력들은 재정이 부족하여 단순히 부족한 재원을 마련하기 위해 다른 문중에 손을 벌린 것은 아니라고 분명하게 여겨지는데, 그보다 상주 지

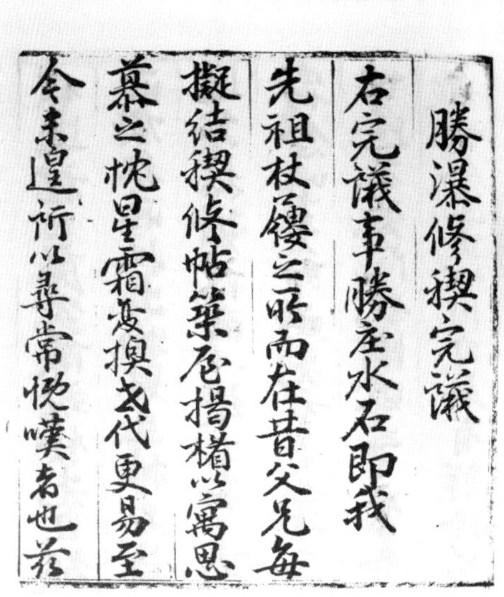
勝瀑修禊完議
右完議事勝瀑水石即我
先祖杖屨之所而在昔父兄每
擬結禊條帖策揭楣以寓思
慕之忱星霜屢換世代更易至
今未遑所以尋常慨嘆者也茲

「승폭수계완의」

역 아니 영남 유림의 결속을 위해 이런 승폭계가 조직되지 않았을까 하는 추정을 해 본다. 그동안 경상 좌우도 여러 곳에서 온 유객들이 시회詩會에서 남긴 주옥같은 시 총 166수가 현재까지 전해 오고 있다.

2) 목인睦姻

검간종가에서는 9족(고조, 증조, 조, 부, 본인, 아들, 손자, 증손, 현손)의 화목을 도모하고, 외척과의 화합을 도모하여 이것이 가풍으로 이어져 가도록 한 모습이 검간 조정 이후 꾸준히 나타난다. 검간의 숭조상문崇祖尙門과 효우목인孝友睦婣은 풍양조씨 장천파의 가업과 가풍이 되어 오늘에까지도 이어지고 있다.

「행장」에 의하면, "두 형제와 두 누이가 먼저 죽어, 그들의 어린 것들을 무양撫養하되 자신이 낳은 자식과 똑같이 하였다. 식구를 거느림에는 화열和悅하고 정제整齊하였으며, 종족宗族에게는 은의恩義와 화목和睦을 다하고, 붕우에게는 반드시 성심을 다하였다."라고 한 사실에서 검간의 목인정신을 짐작할 수 있다.

검간이 45세(1599) 10월에 종족 화천花川 조읍趙浥이 우거한 청리에서 내외손과 모여 목인회를 가진 유풍은 후손에게 깊은 영향을 끼쳤다. 검간의 증손 입재立齋 조대윤趙大胤에 이르러 목인계睦婣稧가 조직되었다. 입재 50세(1687)에 내외형제의 자질 20여 인을 거느리고 목인계를 조직하여 8개 조항의 약조를 정한 뒤 종신토록 시행하자, 승지 이복李馥이 「목인계서睦婣稧序」를 지었다.

8조목은 친척 간의 돈목을 꾀하는 데 목적이 있으며, 그 내용은 다음과 같다. 선조의 사당에 시향時享을 드릴 때나 명절에 모이는 것을 원칙으로 한다. 3년 동안 재물과 곡식을 모아 선대 묘소 보존비에 쓰고 잉여분은 저축한다. 계중 자제가 재능이 있고 노력은 하는데도 가난하여 학업을 이루지 못할 경우는 특별히 보조한다. 당일의 주식은 각자가 지참한다. 계 조약의 규정을 엄히 지키되, 규례를 세 번 어기면 축출한다는 것 등이다.

목인계의 미풍양속은 후대에도 이어져서 1759년(영조 35)에는 후손들이 추원당追遠堂을 건립하였는데, 입재의 현손인 구당舊堂 조목수趙沐洙는 「재사강안약조서齋舍講案約條序」에서,

> 우리 종족의 파가 각각 나뉘어져 비록 원근과 친소는 다르나 선조께서 보시기엔 모두가 똑같은 자손이니, 진실로 친소는 없는 것이다. 우리 후손들이 감히 화목하지 않을 수 있겠는가. 우리 가문은 곧 대대로 벼슬한 고가故家이나 효재충신은 선조의 유풍遺風이라 비록 한 자제라도 가르치지 않으면 혹시라도 이를 실추시킬까 두렵다. 무릇 종족의 의리는 친애親愛보다 더 큰 것이 없고 친애하는 도리는 친목을 닦는 수목修睦보다 더 큰 것이 없으며, 수목하는 의리는 가르쳐 기르는 교양敎養보다 더 큰 것이 없고 교양하는 법은 연구하고 학습하는 강학講學보다 더 큰 것이 없다.

라고 하였다. 목인睦婣도 가르쳐 알게 하지 않으면 영속될 수 없다고 하였다. 이에 입재의 증손 정와靜窩 조석철趙錫喆은 「추원당기追遠堂記」에서,

> 추원追遠이란 제사에 정성을 다하여 조상을 추모함이다. 우리 검간 선조께서는 고상한 품덕과 뛰어난 덕행이 울연히 당세의 본보기가 되어 끼치신 풍속과 교화의 남은 향기가 우리 후손들에게 혜택을 내리어, 우리 종손과 자손의 번창으로 하여금 마땅히 가법家法을 지키게 하니, 지금도 크게 불의한 지경에 이르지 않은 것은 다 우리 선조께서 쌓은 덕이 오래도록 미침인즉 후손에게 내림이 크다 하겠도다.

라고 하여 조상을 추모함을 가문의 전통으로 강조하였다.

4 종가 전승 문헌 자료와 선조 유품

역사 이래로 인간은 많은 기록을 남겼는데, 유서 깊은 학자와 관료의 집안은 더욱 그러했다. 검간종가는 검간 조정을 비롯한 수많은 학자와 관료를 꾸준히 배출하였다. 이런 과정에서 간행된 문집, 임진왜란 관련 기록, 집안의 내력을 밝혀 주는 자료 등이 많이 전해져 내려왔다. 비록 전란 등으로 다수의 자료들이 사라졌지만, 아직도 귀중한 자료들을 많이 간직하고 있다.

1) 『검간선생문집』

『검간선생문집』은 4권 4책으로 목판본이다. 이 책에는 검간이

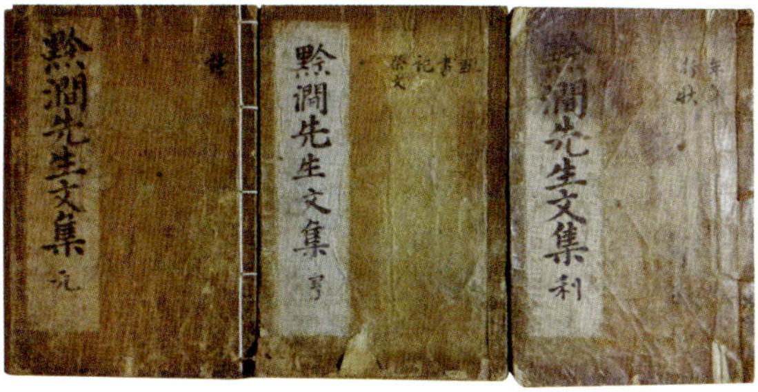

『검간선생문집』

남긴 시문들과 함께 그 후예들이 정리한 연보, 행장, 묘갈, 묘지 등 그의 삶을 기록한 전기 자료들이 수록되어 있다. 권1에는 시·부賦, 권2에는 소疏·전箋·장狀·서書, 권3에는 잡저雜著·논論·제문祭文, 권4에는 부록으로 저자의 연보年譜·행장行狀·행적行蹟·만사輓詞 등이 수록되어 있다. 특히 이광정李光庭이 찬술한 행장은 흥미 있게 읽을 만한 충실한 내용을 담고 있다.

특히 검간이 직접 기록한 임진왜란 첫 두 해의 생생한 기록인 『진사일록』은 별책으로 『검간선생진사일록黔澗先生辰巳日錄』이다. 이것은 임진왜란 당시 저자가 쓴 일기로, 역사적 자료로서 중요한 가치를 지닌다. 임진왜란 중에 활동한 조정의 문집과 일기의 목판인 『검간선생문집』 목판 114매는 임진왜란 연구에 중요한 자료로 평가받아 경상북도 문화재자료 제656호로 지정되었다.

『검간선생문집』은 조정의 5세손인 조학경趙學經·조관경趙觀經 형제가 유문遺文을 모으고, 1740년(영조 16) 이광정의 교정을 받아 상주에서 목판으로 간행했다. 특히 조정의 일기로 『임진일기壬辰日記』, 『남행록南行錄』, 『진사록辰巳錄』, 『일기부잡록日記附雜錄』, 『서행일기西行日記』, 『문견록聞見錄』 등 6종 7책이 있으며, 임진왜란 6년간의 사실이 자세하게 수록되어 있다. 이들 모두를 합쳐서 「조정 임진란기록」 보물(제1003호)로 지정되었다. 이 가운데 임진왜란 부분을 기록한 『임진일기』는 임진년(1592) 4월 14일부터 12월 27일까지의 일기이며, 『진사록』은 임진년 12월 24일 후미에서 계사년 11월 7일까지의 일기이다. 일반적으로 널리 알려진 『진사일록辰巳日錄』은 목판으로 문집을 간행할 때 임란일기 부분에 붙인 총괄적인 제목이다.

2) 『검간집』

4권 4책의 필사본이다. 저자의 5세손 조학경趙學經·조관경趙觀經 형제가 편찬하였다. 권두에 이광정李光庭의 서문과 권말에 채헌징蔡獻徵이 1707년(숙종 33)에 쓴 발문이 있다.

권1은 시 181수·부賦 1편, 권2는 소疏 3편·전箋 10편·장狀 4편·서書 12편, 권3은 잡저 7편·논論 2편·제문 2편으로 구성되어 있고, 권4에는 저자의 연보와 부록으로 행장·묘표·묘지·행적·만사·제문과 속수서원涑水書院의 봉안문·축문, 임경세林慶世·차천로車天輅·임숙영任叔英 등이 보낸 시가 있으며, 그 밖에 『진사일록辰巳日錄』이 있다. 정온鄭蘊이 묘표에서 색미色味가 모두 절품이어서 하나로 백을 당한다고 밝힌 바와 같이, 조령鳥嶺에서 이시발李時發에게 준 3수의 시, 전후에 지난날을 회상하며 배율排律 90운으로 읊은 「억구서회憶舊書懷」 등의 시에서는 그의 우국충정과 함께 풍부하고 다듬어진 시상이 돋보인다.

1596년(선조 29) 통신사 황신黃愼이 일본에서 돌아와 화의가 깨어졌음을 알렸을 때, 왕이 다시 피출避出할 뜻을 보이자 직접 싸우자고 청한 3편의 「청친정소請親征疏」, 특히 의병을 초모招募하기 위해 도보로 남쪽에 달려간 사실을 그대로 기록해 남긴 「초소기의전말草疏起義顚末」 등은 당시 참혹했던 난리의 참상과 민족의 수난 실상을 낱낱이 기록한 것으로 역사적 가치가 있다. 『진사일록』은 임진왜란을 당해 단신으로 의병을 모집한 후 여러 방면으로 근왕勤王했던 활동상과 군량을 모아 각 병영에 조달했던 사실을 자세히 소개한 것이다.

3) 조정의 『임진일기』

검간 조정이 임진왜란을 겪으면서 기록한 『임진일기』는 민중의 항쟁, 의병 부대의 활동과 각 지방에서의 전황, 왜적의 살인 등 갖가지 만행상, 피난생활의 참혹한 상황에 이르기까지 전쟁에서 일어난 모든 사실들이 경북 일대를 중심으로 자세하게 기록되어 있는 귀중한 역사적 사료이다. 검간은 몸소 창의군昌義軍 좌막과 장서기로 군량미 조달 및 토적의 일로 여러 진을 왕래하며 의병 활동을 전개하였고, 아우 가규可畦 조익趙翊은 충보군忠報軍 소모관, 장자 조기원趙基遠과 차자 조영원趙榮遠은 도체찰사 진영의 표하병標下兵, 곽재우 의진의 의병으로 활동하여 한 집안이 다 구국의 대열에 나선 때의 일기다.

임진왜란 당시의 종군일기 가운데 내용이 가장 방대한 자료를 꼽으라면 검간이 남긴 일기를 손꼽을 수 있다. 조정이 남긴 임진왜란 기록으로는 『남행록』, 『진사록』, 『문견록』 등이 있지만, 이 가운데서도 1592년 4월 14일부터 1597년 12월 27일까지 총 242일의 기록이 적혀 있는 것이 『임진일기』이며, 자료로서 가장 가치가 있다. 『임진일기』에는 6월 7일부터 16일까지 열흘을 빼고는 빠짐없이 적혀 있어 1592년 전쟁이 시작된 이래 작성된 종군일기 중에 가장 충실한 편이다. 『임진일기』의 기술 형식은 월일을 별행으로 하는 것을 원칙으로 하고 있지만, 기사가 없는 경우에는 일자, 음청 등 일기만 적고 연서하기도 하였다. 기사는 초서이며 수정·첨삭한 곳이 상당수 보인다. 이 밖에 『남행록』, 『진사록』, 『문견록』 등 다른 기록까지 포함할 경우, 저자의 일기는 1597년 3월까지 연결되는 셈이어서 임진왜란을 기록한 다른 종류의 종군일기보다 방대한 분량을 자랑한다.

『남행록』은 1592년 8월 25일부터 9월 23일까지의 일기인데, 조정이 거창에 있던 초유사 김성일金誠一에게 토적에 대한 시무를 논의하기 위하여 방문한 때의 기록을 담고 있다. 그의 또 다른 일기인 『진사록』은 1592년 12월 24일부터 1593년 11월 7일까지 약 1년간의 일기를 적은 것이다. 『일기』는 1593년 12월 25일부터 3월 17일까지 34일간의 일기, 부잡록으로 학봉유사, 혼례서식, 기타 비망록이 수록되어 있다. 『서행일기』에는 경상도 유생 권욱權昱과 함께 국왕의 친정을 호소하기 위해 1597년 2월 15일부터 3월 17일까지 한양을 방문하여 보고 들은 기록이 담겨 있다. 『문견록』은 1592년에서 1593년 동안 조정이 지은 명장의 고시, 격문, 계초, 비망기 등 여러 종류의 임진왜란 관련 자료들을 모아 수록한 것이다. 이들 일기를 모두 포함하면 총 6년 동안 기록이 남겨진 날짜 수는 630일에 달한다.

이 같은 조정의 임란 관련 기록을 모두 아울러 말할 때 「조정 임진란기록」이라고 부르기도 한다. 이 기록은 다른 종군일기와 구별되는 풍부한 내용을 담은 임진왜란 기록이라는 점이 인정되어 1989년 보물 제1003호로 지정되었다.

저자 조정은 퇴계 이황에서 학봉 김성일과 서애 류성룡으로 이어지는 동인 계통의 선비 출신이다. 임진왜란이 일어나자 조정은 경상도 함창에서 의병으로 활약했으며, 1596년에는 도체찰사였던 이원익의 막하에서 근무한 적도 있다. 이 같은 경력을 바탕으로 저자는 자신이 파악한 전황 관련 자료나 군대의 배치 상황, 의병들의 움직임을 일기로 남겨 놓았다.

특히 이 일기는 각 날짜의 기상상황을 맑음, 비 등으로 구분해 꼼꼼하게 기록하고 있는 것이 특징이다. 조정의 일기를 활용할 경우 임진왜란 당시의 날짜별 기상상황을 어느 정도 복원하는 것이 가능할 정도다. 이 밖에 『문견록』에는 명나라 장수의 고시告示나 우리나라 의병의 격문檄文, 관료들의 장계초狀啓草, 국왕의 비망기備忘記 등 임진왜란 관련 문서들을 모아뒀다. 특히 의병들의 모병격문, 납속사목納粟事目 등이 있어 임진왜란 연구에 유용한 참고자료가 된다.

각 날짜의 일기는 길지 않은 편이지만 핵심을 잘 요약하고 있다. 상주와 탄금대전투 등 주요 사건에 대해서도 빠짐없이 기록하고 있어 저자가 비교적 정확하게 전황을 파악하고 있었음을 보여 준다. 이일이 상주의 성곽에서 싸우지 않고 들판에서 싸운 것을 비판하거나, 의병장 조헌이 피아의 병력 비율을 생각하지 않고 가볍게 군사를 움직였다고 비평한 내용 등 1592년의 전투 상황에 대한 저자의 의견을 진술한 부분도 흥미롭다. 탄금대전투 당시 일본군의 진영이 두 개였다거나 의병이 방진을 사용했다는 기록 등 다른 사료에는 없는 세부적인 묘사가 많은 것도 『임진일기』의 특징이다.

검간의 『임진일기』는 우국일념의 충분의기忠憤義氣와 의로義路에서 삶의 가치를 찾으려 했던 고고한 선비정신이 날줄과 씨줄이 되어 짜놓은 당대 사회상이요, 역사적 증언이다. 한마디로 검간의 「조정 임진란기록」은 생사를 넘나드는 절박한 상황에서도 선비의 도리를 다하려 했던 지사의 당대 임란전란사의 증언이요, 사회적 동향의 보고문이다.

4) 고문서

조정 종손가인 양진당에는 많은 고문서들이 소장되어 있었는데, 그중에서 조정 종가 문적 보물 제1004호로 일부 분류된 것들은 검간 조정의 종손가에 500년간 소장된 고문서와 전적 중 1554년(명종 9)에서 1670년(현종 11) 사이에 작성된 분재기 7점, 1601년(선조 34)부터 조정, 조기원 등에게 발급된 고신 및 교지 47점, 1628년(인조 6)에 조기원에게 발급된 차정첩差定帖 1점으로 모두 3종 55점이다.

고문서 중 명종–현종 연간의 분재기는 당시 사회·경제사 연구에, 선조–인조 연간에 발급된 고신 및 교지류는 인사행정제도의 연구에 각각 중요한 자료이다. 분재기 7점 중 하나인 「조광헌처홍씨자매깃급문기趙光憲妻洪氏姉妹衿給文記」는 재주 고 유곡찰방 홍윤최洪胤崔의 처 홍씨가 딸인 김우굉 처, 이안인 처, 조광헌 처 3자매에게 노비와 밭과 논을 분급하는 분재기로서 앞부분이 탈락하여 발급 연대는 알 수 없지만, 뒷면에 '만력육년(1578) … 재주 김우굉 …' 등의 기록으로 볼 때, 명종 말–선조 초에 작성된 것으로 보인다. 조광헌은 검간 조정의 아버지이다.

이 문서는 1621년(광해군 13) 4월에 고 유곡찰방 홍윤최의 친외손인 조정·김달가·홍수경 등 13명이 외할아버지인 홍찰방 묘소에서 모두 모여 조상 전래의 노비들 가운데, 문서에서 누락된 것들과 기타 밭 및 토지를 화회하여 분집하고 성문하는 분재문서

조광헌 처 홍씨자매 깃급문기(상주박물관 제공)

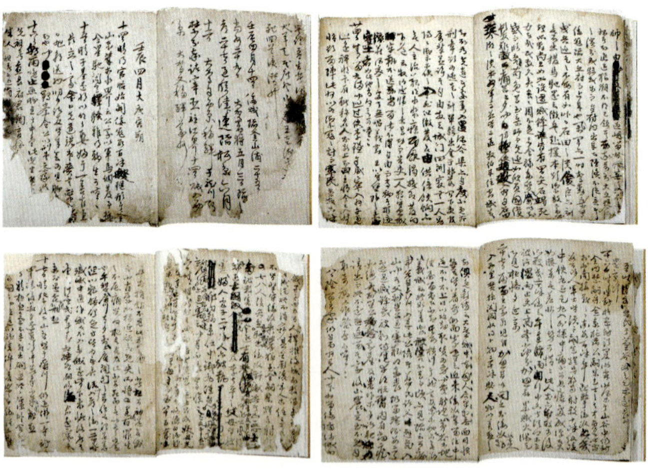

『임진일기』(상주박물관 제공)

이다. 조정은 찰방 홍윤최의 외손자이며 조광헌의 맏아들이다. 그의 아우 조익·조굉·조준의 이름도 보인다. 당시 작고한 사람은 부인이지만 아들 또한 손자의 명의로 분깃문서에 서명 또는 날인하고 있다. 홍윤최는 딸을 세 명 두었는데, 첫째 사위는 진사 김우굉, 둘째 사위는 이안인, 셋째 사위는 조광헌이다.

한편 고신告身과 교지敎旨류는 조정趙靖, 조기원趙基遠, 조예趙秇 등에게 내린 것인데, 「조정문과병과제이십일인급제교지趙靖文科丙科第二十一人及第敎旨」, 「조정봉직랑행광흥창부봉사교첩趙靖奉直郎行廣興倉副奉事敎牒」, 「조정봉정대부행대구도호부판관교지趙靖奉正大夫行大邱都護府判官敎旨」, 「조기원봉열대부교지趙基遠奉列大夫敎旨」, 「조기원동몽교관교지趙基遠童蒙敎官敎旨」 등이 있다. 그리고 시권試券은 「조정연사십육세시권趙靖年四十六歲試券」과 「조정문과병과제이십일인급제시권趙靖文科丙科第二十一人及第試券」 등 총 2점이 있다.

전적典籍류로는 『삼봉선생집三峯先生集』, 『척약재선생학음집惕若齋先生學吟集』, 『필원잡기筆苑雜記』, 『논어언해論語諺解』, 『한서漢書』, 『송조명현오백가파방대전문수宋朝名賢五百家播芳大全文粹』, 『전산성법田算成法』 등 7종 7책이 있다. 이들 고문서 외에도 양진당이 소장했던 많은 고문서들이 상주박물관, 경북대학교, 계명대학교 등에 기증 혹은 기탁되어 보관되고 있다.

5) 장천문고

조정을 비롯하여 그 후손들이 남긴 문집들은 장천문고를 이루었고, 저마다의 특색을 지닌 유고遺稿들은 문화향文化鄕 상주에 빛을 더하고 있다. 장천문고에는 검간黔澗 조정趙靖(1555–1636)의 『검간선생문집黔澗先生文集』을 시작으로, 가규 조익의 『가규선생문집可畦先生文集』, 조기원趙基遠(1574–1652)의 『초은유고樵隱遺稿』, 조영원趙榮遠(1577–1640)의 『유담유고儒潭遺稿』, 조능趙稜(1607–1682)의 『모암선생문집慕庵先生文集』, 조원윤趙元胤(1633–1688)의 『죽파유고竹坡遺稿』, 조진윤趙振胤(1635–1709)의 『용슬헌유고容膝軒遺稿』, 조대윤趙大胤(1638–1705)의 『입재유고立齋遺稿』, 조장윤趙章胤(1640–1708)의 『동고유집東皐遺集』, 조덕윤趙德胤(1642–1690)의 『광천실기廣川實記』, 조언광趙彦光(1656–1718)의 『주암유집注巖遺集』, 조해趙瀣(1666–1734)의 『소헌유고疎軒遺稿』, 조자경趙自敬(1670–1723)의 『노천유집露峰遺集』, 조학경趙學經(1697–1755)의 『운곡유고雲谷遺稿』, 조자수趙自修(1678–1735)의 『약천유고藥泉遺稿』, 조시경趙時經(1686–1755)의 『중애유고中厓遺稿』, 조천경趙天經(1695–1776)의 『이안당유고易安堂文集』, 조인경趙麟經(1698–1780)의 『직방재유고直方齋遺稿』, 조위경趙緯經(1698–1780)의 『취지재유고吹篪齋遺稿』, 조석춘趙錫春(1716–1791)의 『모우당유고慕友堂遺稿』, 조석우趙錫愚의 『존성재유고存省齋遺稿』, 조석룡趙錫龍(1721–1792)의 『만락재유고晩樂齋遺稿』, 조석철趙錫喆(1724–1799)의 『정와선생문집靜窩先生文集』, 조석로趙錫魯(1725–1777)의 『일성재유고

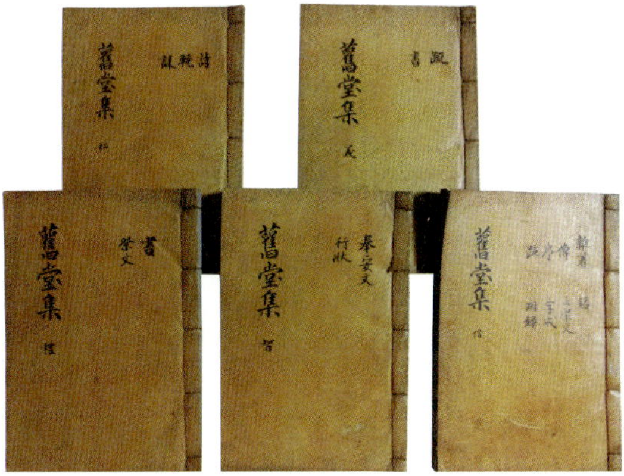

『구당집』

日省齋遺稿』, 조석목趙錫穆(1726–1793)의 『정사문집精舍文集』, 조병연趙昞然(1731–1788)의 『송와유고松窩遺稿』, 조석헌趙錫獻(1735–1804)의 『어포유고漁浦遺稿』, 조목수趙沐洙(1736–1807)의 『구당선생문집舊堂先生文集』, 조학수趙學洙(1739–1823)의 『가은유고可隱遺稿』, 조남수趙南洙(1744–1822)의 『쇄소재유고灑掃齋遺稿』, 조기연趙岐然(1745–1827)의 『가촌유고可村遺稿』, 조탁수趙濯洙(1751–1803)의 『성재유고醒齋遺稿』, 조술순趙述舜(1762–1810)의 『불기재유고不欺齋遺稿』, 조덕趙德(1773–1851)의 『치재유고致齋遺稿』, 조술주趙述周(1778–1858)의 『성건재유고省愆齋遺稿』, 조술립趙述立(1791–1870)의 『모구유고慕構遺稿』, 조술대趙述大(1798–1867)의 『동일재유고東一齋遺稿』, 조현기趙鉉基(1805–1866)의 『통덕랑유고通德郎遺稿』, 조동좌趙東佐(1807–1888)의 『총계문집叢桂文集』,

조상덕趙相悳(1808-1886)의 『위재문집危齋文集』, 조준구趙駿九(1823-1902)의 『석초유고石樵遺稿』, 조용구趙龍九(1830-1882)의 『진원유고樛園遺稿』, 조주구趙疇九(1832-1912)의 『통덕랑문집通德郞文集』 등 40여 편이 파악되어 있다. 앞으로 누락된 유고와 문집이 계속 보완될 수 있을 것이다.

6) 『가규선생문집』

이 책은 1800년경 조익의 7대손 조기연趙岐然이 편집·간행한 것이다. 조선 중기의 문신·학자 조익趙翊의 시문집으로 전 10권 5책으로 되어 있다. 10권 5책으로 목활자본이며, 영남대학교 도서관에 보관되어 있다. 『가규선생문집』은 권1-5에 시 1,070수, 만사輓詞 40수, 서書 1편, 책 1편, 제문 4편, 묘갈명 1편, 권6은 부록으로 제현시 9수, 지 1편, 연보 1편, 만사 7수, 제문 3편, 가장·행장·묘갈명·고유문·봉안문·축문 각 1편, 권7-10은 일기 4편으로 구성되어 있다.

『가규선생문집』은 후손 조기연이 선조 조익의 유집이 있다는 사실을 전해 듣고 살펴보니, 방대한 분량의 시가 남아 있었다. 그러나 서書를 비롯한 다른 기록은 찾을 수 없어서 시를 중심으로 남아 있던 제문, 만사, 연보 등을 가지고 문집을 꾸렸다고 전한다. 그리고 「진사일기」 등의 일기를 덧붙여서 문집을 완성하였다고 한다.

『가규선생문집』

시는 10권 5책 가운데 방대한 분량으로 문집의 절반 이상을 차지하고 있다. 이 시들은 연대별·지역별·사건별로 임진왜란 때 지은 시인 「피구록避寇錄」, 강원도 북쪽을 순행할 때 지은 「영북록嶺北錄」, 명나라 사행 때 지은 「조천록朝天錄」, 한양에서 관직에 있을 때 지은 「춘방록春坊錄」, 밀양과 동래를 순행할 때 지은 「영남록嶺南錄」, 양산군수를 역임할 때 지은 「양주록梁州錄」, 공주 유배 때 지은 「택반록澤畔錄」, 상주 고향에 있을 때 지은 「상향록商鄕錄」 등으로 나누어 수록하였다. 시를 제외한 내용은 만사, 투증投贈, 봉안문이며, 병사와 군량미에 대한 책문 1편도 실려 있다.

『가규선생문집』에서 사료적 가치를 지니는 책은 권7에서 권10에 실려 있는 세 종류의 일기 부분이다. 「진사일기辰巳日記」는

1592년(선조 25) 4월 14일부터 이듬해 12월 30일까지의 일기로서 일본군의 동향, 조선군의 방어 태세, 조정의 파천播遷, 명에의 원병 요청, 국민의 참상, 의병의 활동 등을 보고 들은 것과 관리의 보고서 등을 토대로 하여 기록한 것이다. 「황화일기皇華日記」는 진주겸하지사陳奏兼賀至使의 서장관으로 명나라에 갔다 오면서 중요한 사건들을 기록한 일기로서, 국운이 기울어 가던 시기의 명나라 실상을 알 수 있는 사료적 가치가 매우 높은 일기이다. 「공산일기」는 공주로 유배되었던 6년간의 일기로서 유배 생활 중에 민간에서 일어나는 다양한 사건들과 정치 문제에 대한 일반의 인식이 어떠한지를 알 수 있는 중요한 자료이다. 아울러 52세 이후에 고향 상주에서 한가롭게 생활하면서 지은 시들은 「상향록」이라는 제명으로 수록되어 있다.

7) 10세十世 33인의 『풍성세고豐城世稿』

예부터 선조의 유문遺文을 소중히 함은 선조의 정신을 받들기 위함이다. 풍양조씨는 사천思泉 오작당悟昨堂(입재종가立齋宗家)에서 1922년에 『풍성세고豐城世稿』를 발간했다. 이 세고는 목활자본 20권 10책이다.

세고에는 류필영柳必永이 쓴 서문이 있다. 수록 내용은 권1에 『검간선생문집黔澗先生文集』을 비롯하여, 권2에 조정의 제2자 조영원趙榮遠의 『유담공고儒潭公稿』, 조능趙稜의 『모암공고慕庵公稿』가

검간종가의 호패

『풍성세고』

있다. 이어서 권3에 조대윤趙大胤의 『입재공고立齋公稿』, 권4에 조시경趙時經의 『중애공고中厓公稿』, 권5에 조인경趙麟經의 『직방재공고直方齋公稿』, 권6에 조석우趙錫愚의 『존성재공고存省齋公稿』, 권7에 조석룡趙石龍의 『만락재공고晩樂齋公稿』, 권8에 조석로趙錫魯의 『일성재공고日省齋公稿』, 권9에 조석목趙錫穆의 『정사공고精舍公稿』, 권10에 조의연趙毅然의 『처사공고處士公稿』, 조목수趙沐洙의 『구당공고舊堂公稿』, 권11에 조학수趙學洙의 『가은공고可隱公稿』, 권12에 조남수趙南洙의 『쇄소재공고灑掃齋公稿』, 권13에 조기연趙岐然의 『가촌공고可村公稿』, 권14에 조범수趙範洙의 『통덕랑공고通德郎公稿』, 권17에 조술주趙述周의 『성건재공고省愆齋公稿』, 권18에 조술립趙述立의 『모구공고慕構公稿』, 권19에 조관영趙觀榮의 『학생공고學生

公稿』, 권20에 조동좌趙東佐의 『총계공고叢桂公稿』 등으로 세대를 내려가며 33인이 남긴 200여 권의 유고를 집성하였다. 이로써 검간 조정가는 '10세 유고가 전하는 가문'이란 명성을 얻게 되었다. 이 같은 세고는 상주 정신문화사에도 귀중한 사료적 가치를 남기고 있다.

특히 오작당 창건 400주년이 되던 2003년에 4세 유고(四世遺稿: 검간, 유담, 모암, 입재유고)에다 소헌疎軒 조해趙瀣의 유고를 더하여 『국역國譯 풍성세고豊城世稿』(전全)를 발행하였다.

제4장

종가의 건축문화

1 종택, 재실

검간종가 주변에는 조선시대 유교문화의 정수를 보여 주는 문화경관과 건축물들이 자리 잡고 있다. 이곳에서는 자연과 그 속에 사는 인간이 절묘하게 조화를 이루고 있음을 느낄 수 있다. 이것은 자연친화적인 삶을 추구했던 조선시대 선비들의 마음과 의지가 빚어 낸 결과라 해도 좋을 것이다.

1) 양진당

상주시 낙동면 양진당길 27-4에 있는 양진당養眞堂은 보물 제1568호이다. 요즘에는 구미에서 상주 가는 잘 뚫린 고속도로

나 25번 국도가 있다. 하지만 예전에 구미에서 상주로 가려면 구불구불한 길을 돌아가야 했다. 오른쪽에 커다란 기와집이 보인다. 낙동면 승곡리에 위치한 양진당이다. 예전에 '요포繞浦'라고 불리던 동네였지만, 양진당이 지어진 이후로는 마을 이름도 '양진당 마을'이라 불리게 되었다. 양진당은 풍양조씨 검간파라고도 불리는 장천파長川派의 종가이다. 앞으로 넓은 들이 펼쳐져 있고 주변에는 높은 건물이 없어 멀리서 보아도 한눈에 들어오는 위풍당당한 모습이다. 이곳은 검간 조정 선생의 거소였는데, 양오진養吾眞, 즉 '나의 타고난 참된 성품을 기름'이라는 뜻을 취하여 집의 이름을 삼았다.

1975년 경상북도 유형문화재 제85호로 지정되었다가 2008년에 보물 제1568호로 승격되었다. 양진당은 건물을 땅에서 1m 정도 높여서 지은 다락집 형태이다. 낙동면 승곡리는 낙동강과 가까운 저지대에 위치하여 하천이 범람하여 수해를 입은 적이 많았다. 이런 경우 다락집은 물에 잠기는 피해를 줄일 수 있다. 하지만 양진당도 수해의 영향을 받은 적이 있다. 1966년 대홍수 때 사랑채가 쓰러져 버린 것이다. 이후 1981년에 전면 해체·복원하여 현재의 모습을 갖추게 되었다.

정면에서 바라본 양진당은 집 전체 모양이 남쪽으로 터진 II 모양을 이루고 있다. 길면서도 맞배지붕을 하고 있어 마치 종묘 건물에서와 같은 장중함이 느껴진다. 양진당은 평야 가운데서도 나지막한 뒷산이 배산背山을 이루고 좀 떨어진 앞쪽으로 물이 흘러 임수臨水가 되니, 좋은 집으로서의 기본 요건을 갖추고 있다. 낮은 돌담으로 둘러싸인 대문을 들어서면 한눈에도 집이 매우 길어 기이해 보인다. 이 긴 집은 정면에서 보면 9칸이고, 집의 서쪽에서는 4칸을 이루며, 동쪽 측면은 6칸으로 더 길다. 더욱이 가까이 다가가 보면 그 느낌이 매우 증폭된다. 1층의 마루가 키를 넘을 만큼 높이 올려져 있으니 이름하여 고상형高床形, 곧 높은 마루집이다.

마루를 높직이 설치하는 것에는 한여름에 태양열로 뜨거워진 땅에서 올라오는 복사열을 덜 받으려고 바닥을 높이 띄우는 남방적 사고가 담겨 있다. 북쪽에서부터 온돌이 내려오고 남쪽에서부터 마루가 올라가 만나는 우리나라 집의 특성에서 이 양진당은 남쪽 집의 특성을 잘 보여 주는 보기이다. 한편, 낙동강에서 가깝기 때문에 여름철에 낙동강이 범람하면 이곳 저지대는 곧잘 물에 잠긴다. 그때 집이 침수되는 것을 막으려면 이처럼 집의 평면을 높이 올려야 했다. 양진당은 이처럼 주어진 자연환경의 악조건을 극복하면서 새로운 주거환경을 만들어 가는 슬기가 담겨 있는 집이다. 부엌 쪽에서 바라본 툇마루와 동쪽 측면은 좁은 툇마루가 복도처럼 죽 이어져 있다. 길게 튀어나온 측면 날개채 건물이 인상적이다 못해 낯설다.

양진당은 지을 당시에는 아흔아홉 칸이었다는데, 그 당시의 건물로는 안채인 양진당만 남아 있다. 1626년에 짓고 1807년에 수리하였으며, 1980년에 실측조사를 하면서 대대적인 수리를 거쳐 지금의 모습으로 정리되었다. 본래는 행랑채도 있어서 트인 ㅁ자를 이루고 있었을 것으로 여겨진다. 대문 앞쪽에 사랑채가 있었는데, 1966년에 큰 홍수를 만나 쓰러졌다고 한다. 지금은 바로 집 앞으로 길이 나 있기 때문에 마당이 집 바로 앞에서 끊뚱 잘려 있다. 본래의 집채들이 다 있다 치면 앞뒤로 펼쳐진 마당이 훨씬 넓었을 것이다.

양진당은 앞에서 보기에만 특이한 것이 아니라 그 내부구조도 매우 독특하다. 방에 들려면 정면에는 출입구가 없고, 양옆에 좁은 계단이 설치돼 있어 그리로 오르내리게 되어 있다. 마치 2층 집을 올라가는 기분이다. 방 앞쪽에는 좁은 툇마루가 이어져 있으나 툇마루에서 바로 방으로 들어갈 수는 없다. 동쪽으로 여섯 칸 대청마루를 두었는데, 방의 출입구는 대청마루로만 나 있다. 대청에서 들어간 방들은 각각 한 칸씩이며 一자로 이어져 있다. 그런데 방이 一자로만 이어져 있는 것이 아니라 田자 모양으로 겹을 이루고 있는 점도 특이하다. 이런 겹집은 대개 추위를 막고 열이 빠져나가는 것을 최소화하려고 주로 산간지방에서 만드는 방식이다. 울릉도의 투막집이나 삼척의 너와집에서는 그 본래 모습을 고스란히 볼 수 있다. 또 영덕이나 안동의 까치구멍집에도 그런 모습이 있다. 따라서 이런 방의 형태는 본래 마루 중심인 집에 구들을 들일 때 근방에 있는 흔한 유형으로 방을 들이게 되면서, 마루라는 남방 또는 평원적인 요소가 온돌과 겹방이라는 북방 또는 산간적인 요소와 결합된 것이다.

안채의 양 날개는 부속시설이다. 서쪽으로 네 칸짜리 큰 부엌이 있는데, 그 2층에는 두 칸씩 되는 긴 방이 둘 얹혀 있다. 서쪽 날개의 아랫부분은 마루로 된 고방과 헛간이며 그 위쪽은 역시 마루로 된 다락이 길게 이어져 있다. 안채 동쪽으로는 대청에 이어 방 2칸이 더 있고 거기에 잇대어 마루와 방 1칸씩, 그리고 2칸짜리 부엌이 길게 앉아 있다. 그 위쪽은 다락으로 쓰이는데, 부엌이 1층이라면 다락은 온전한 2층인 셈이다. 동·서의 다락 출입은 마당에서는 할 수 없고, 방을 통해서만 할 수 있게 되어 있어서 다락의 방들은 독립적인 방으로서의 기능을 지니지 못한다. 또 양 날개의 처마가 홑처마인 데에 견주어 정면 본채의 처마는 덧서까래가 설치된 겹처마인 점도 날개와 본채가 격이 다른 공간임을 알려준다. 서까래의 단면이 둥글지 않고 모두 네모진 것도 특색이라고 할 수 있다.

다시 나와서 집을 잘 들여다보면 재미있는 구석이 많다. 마루가 높직해서 집이 매우 높아 보이는데, 그것은 기둥이 매우 길기 때문이기도 하다. 기둥을 자세히 보면 툇마루 아래쪽은 네모진 각주角柱이고, 위쪽은 둥근 원주圓柱이다. 분명히 하나의 나무인데 아래쪽과 위쪽의 다듬새에 그렇게 차이를 두었다. 이를 두고 '네모에서 원이 나왔다'는 방출원方出圓의 이치가 구현된 것이라고도 하고, '땅은 네모지고 하늘은 둥글다'는 천원지방天圓地方의 원리를 조형화한 것이라고 풀이하기도 한다. 집주인의 생각인지 목수의 생각인지 아무튼 흥미로운 조화이다.

건물의 구조를 보면 약간 경사진 지형을 그대로 이용하였으며, 정면은 9칸이나 되고 승제하게 된 고상형으로 남방 다습 지역의 주거형인 우란에 유사하다. 원래는 ㅁ자형이었으나 지금은 좌우가 약간 다른 ㄷ자형으로 남았으며, 좌측은 창고로, 우측은 방을 만들었고 정면의 좌측 3칸도 방이며 우측은 마루, 지붕은 맞배지붕이다. 정침은 방을 두 줄로 배치한 겹집으로 구성되어 있는데 앞면은 누각형, 뒷면은 일반형이다. 이는 한겨울 차가운 공기의 영향을 덜 받을 수 있는 북방식 구조이며, 이처럼 남방식과 북방식의 특징을 고루 갖추었다는 점에서 조선 중기 우리나라 가옥의 다양성을 알 수 있는 중요한 자료이다. 양진당은 강학講學의 현장으로, 문회文會의 현장으로 널리 활용되어 왔다.

양진당의 존재 의의는 우선 양진養眞의 의미에서 찾을 수 있다. 조학수趙學洙가 「양진당중수기養眞堂重修記」에서, "양진은 대개 외물外物에 부림을 당하지 않고 나의 본성本性을 기름이란 뜻을 취한 것이다."라고 하였다. 곧 양오진養吾眞, '나의 타고난 참된 성품을 기름'이란 뜻으로 집약된다. 검간의 경敬 사상을 단적으로 보여 준 「수주부數株賦」의 처음과 끝의 몇 구절을 소개한다.

나의 한 마음 지키기 어려워	曰余一心難禦
10년을 배움의 길 찾았도다.	十年求學
조용할 때는 존양存養함을 생각하고	靜思存養
움직일 때는 반드시 궁격窮格하였도다.	動必窮格
…	

양진당 전경과 툇마루로 오르는 계단

현판

마음 지니는 요결은	操之有要
공경恭敬함이 법칙이로다.	敬爲之則
이二로써 이貳를 하지 말며	勿貳以二
삼三으로써 삼參을 하지 말지어다.	勿參以三
마음은 오직 하나이거니	惟心惟一
만 가지 변화도 이로써 살피도다.	萬變是監

양진당은 대종가大宗家의 조상을 숭배하고 가문의 명예를 받드는 숭조상문崇祖尚門에의 봉선공간奉先空間이요, 백대지친百代至親의 목인공간睦婣空間이며, 독서하고 정신의 원기를 보양하는 독서이양讀書頤養의 교육공간을 마련하는 데에 건립의 목적이 있었다. 양진당의 창건자는 검간 조정이고, 감독하고 통솔한 감동자監董者는 초은樵隱 조기원趙基遠이다. 임진왜란을 겪고 난 뒤 집이 황폐화되어, 검간이 양진당 터를 손수 가려 닦고 건축의 감독은 장자에게 명하여 맡게 하였다. 초은은 부친이 지시한 가례도식家禮圖式의 제도를 따르되 구상함이 커서, 실용을 위주로 하고 화려함을 택하지는 않았지만, 균형이 잘 잡히고 방정한 규모에서 질서나 조리가 있게 했다.

2) 오작당

상주시 낙동면 선상상로 1975에 있는 오작당은 경상북도 민속자료 제32호이다. 오작당梧柞堂은 구당舊堂 조목수趙沐洙의 호

오작당 안채

를 따서 일명 구당舊堂이라고도 한다. 1601년(선조 34) 검간이 요포(현재의 양진당 자리)의 옛터에 지었다가 1661년(현종 2) 조대윤 선생이 사천의 새터[新基, 승곡리 자연마을]로 이전하였다. 오작당을 처음 이건한 입재立齋 조대윤趙大胤은 일가의 친목을 도모하기 위해 목인睦姻이란 계를 조직하여 가문의 흥창을 도모한 선비이다.

오작당은 이전 당시는 내사 외사 모두 40여 칸이었으나, 1781년(정조 5) 중수 때 겹집과 홑집이 공존하는 건물이 되었으며 양진당의 원초형이다. 원래는 양진당과 같은 П자형 집이었으나

(좌측부터) 오작당 전경, 사랑채, 사당

현판

후대에 앞부분이 떨어져 나가면서 지금과 같은 ㅗ자형 집이 되었다. 연못을 지나 대문간으로 들어서면 바로 사랑채를 마주하게 된다. 일곱 칸짜리 ㅡ자 모습의 사랑채는 동쪽이 마루와 사랑방이고, 문간을 사이에 두고 서쪽은 행랑채가 잇대어 있다. 건물 한 채를 두고 문으로 격을 구획한 셈이다. 사랑채 마루 뒤쪽으로 한 칸을 더 내어 방을 들였는데, 한 칸은 책방으로 쓰고 다른 한 칸은 근래에 화장실로 꾸며 현대적인 변화상을 보여 준다.

오작당의 담장으로 둘러싸인 집 전체 구조는 튼ㅁ자 모양이다. 안채만은 정면 5칸, 옆면 2칸으로 거의 ㅡ자에 가깝다. 서쪽이 부엌이고 길게 세 칸 마루가 펼쳐진 뒤쪽으로 두 칸짜리 안방이 남향하여 있으며, 동쪽으로 한 칸짜리 방 둘이 앞뒤로 앉아 있다. 뒤쪽 방은 고방처럼 쓰고 있다. 양진당만큼 규모는 크지 않지만 여러 모로 양진당의 원형처럼 보인다. 먼저 아래쪽이 부엌이고 위쪽에는 다락을 두었으나, 1층과 2층의 높이가 거의 같아서 2층집의 모습을 하고 있는 점이 그렇다. 평면이 지금은 ㅗ자 모양인데, 이것은 양진당의 ㅁ자와 같은 모양이었다가 후대에 고치면서 변형되었을 것으로 보인다. 기둥의 처리도 예사롭지 않다. 지름이 한 자(30cm)나 되는 굵은 기둥을 써서 한편으로는 장중한 품격을 살려주면서도, 적당히 모서리를 다듬어 너무 두꺼워 보이지 않도록 시각적인 배려를 한 점도 돋보인다.

오작당은 겹집과 홑집이 공존하는 건물로, 중후한 감을 느끼게 한다. 부재部材의 세장한 조각, 기둥의 모접과 격자창 등은 고

식의 중후감을 더한다. 지붕은 팔작지붕으로 보이나 양편이 익사처럼 된 지붕으로 용마루 모양이 'H'자형을 이루고 있다. 현재는 안채, 사랑채, 사당 등 3동이 남아 있다.

3) 의암고택

상주시 낙동면 운평2길 42-7에 있는 의암고택依巖古宅은 검간종파 극암克庵 조식趙栻의 종택이다. 1,400여 평의 대지 위에 안채, 사랑채, 도장채, 뒤주채, 사당, 대문채, 장독대 등 200여 평의 건물로 구성되어 있다. 정침(안채)은 모임당慕任堂 연안이씨와 장자 조식이 1800년경 건축하였다. 1986년 경상북도 문화재자료 제177호로 지정되었는데, 2012년 민속문화재 제153호로 등급 조정이 되었다.

현 소유자 조준희의 7대 조모인 모임당 연안이씨(1749-1826)는 34세 때에 남편을 사별하고 경제적으로 어려웠으나, 온갖 어려움을 극복하고 가세를 일으켜 1800년경 의암고택의 안채(정침)를 포함한 내외 두 채를 지었다. 안채는 모임당에게 시종고조부인 동고공 조장윤의 종택 건물을 이건하였다는 설이 전해져 온다. 모임당의 장자인 극암 조식(1774-1837)은 가세를 더욱 일으켰으며, 효행이 널리 알려져 유림에서 정표를 청하는 소를 올렸다. 극암 조식의 장자인 국은國隱 조동계趙東啓와 손자인 의암依巖 조범구趙範九로 내려오면서 운곡마을의 봉제사 접빈객의 예절이 영남 일

의암고택

대에 널리 알려지게 되었다고 한다.

모임당은 차자와 삼자를 시조부(취지재 조위경)와 시종조부의 큰집[長曾孫]으로 양자보냈는데, 이러한 연유로 해서 모임당의 장자 극암공과 그 자손들이 자연히 운곡마을 조씨(의암고택 소유자 조준희의 11대조 자손들을 지칭)의 중심 역할을 맡게 되었다. 현 주손 조준희 趙浚熙의 고조부인 의암依巖 조범구趙範九(1834-1896)는 당대에 널리 알려진 유학자이다. 병인양요 때 류주목柳疇睦(1813-1872)과 더불어 상주 지역에서 의병을 조직하였던 유학자 의암 조범구의

현판

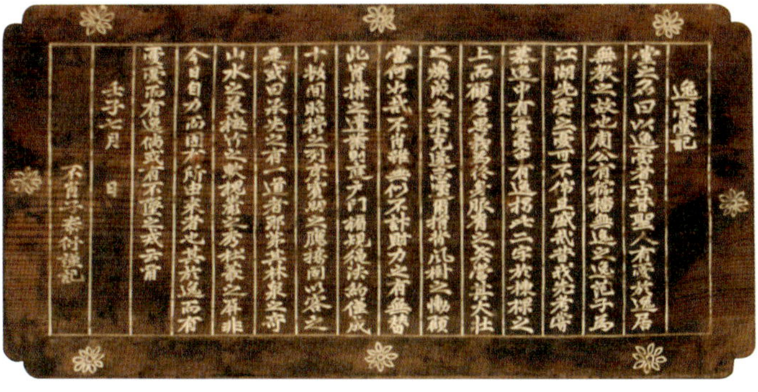

일우당기

호에서 그 이름을 따 당호堂號를 '의암고택'이라고 하였다. 이 집으로 드나드는 대문 앞에 있는 탕건 모양의 큰 바위를 '탕건석'이라 하는데, 관습적으로 사람들이 이 탕건석을 '의암'으로 지칭하기도 한다.

이 고택은 극암공 조식 이후에도 사당, 별채 등 여러 건물이 지어졌다. 만당 조태연이 1910년 안채(정침)를 제외한 기존의 다른 건물들을 허물고 새롭게 건물들을 증·개축하였다. 1820년경 지어진 사랑채만을 별도로 일우당逸憂堂으로 부른다.

의암고택은 조선 후기에 지은 건물로서, 정침(안채)과 사랑채, 안사랑채, 고방채, 대문간채, 사당, 뒤주채, 장독대 등 조선시대 사대부 주택의 구성 요소를 고루 갖추어 당시의 주택 연구에 좋은 자료이다. 대문간과 평행으로 사랑마당을 사이에 두고 사랑채가 배치되었으며, 사랑채 앞면 왼쪽에 있는 일각문을 들어서면 ㄱ자형 곳간채와 一자형 안채가 안마당을 둘러싸고 있다. 안채 뒤뜰에는 장독대를 설치하였고, 사랑채 뒤편은 흙담을 두르고 사당을 설치하였다. 안채는 정면 5칸 반, 측면 2칸의 팔작지붕 기와집으로 대청 왼쪽에 2칸통의 안방이 있다. 대청 윗부분의 가구架構는 오량가五樑架로 사다리꼴 모양의 판대공을 세웠다. 사랑채는 정면 7칸, 측면 6칸의 ㄴ자집 형태의 팔작지붕 기와집인데, 앞면의 一자 부분은 칸살이 앞뒤 겹으로 꾸며져 있다.

2 서원, 정자 등 건축물

1) 풍양조씨보각

상주시 남장3길 61에 있는 풍양조씨보각豊壤趙氏譜閣은 풍양조씨의 족보 판각을 보관하고 있는 곳으로, 보각과 여기에 보관된 족보 판목 전체가 경상북도 문화재자료 제208호로 지정되어 있다. 일각대문 안쪽 정면으로 넓은 잔디밭이 펼쳐지고, 그 끝에 남장재南長齋라는 편액이 붙은 재사齋舍가 있다. 1731년에 창간한 신해보辛亥譜는 영의정을 역임한 귀록공歸鹿公 조현명趙顯命, 1760년에 중간한 경진보庚辰譜는 이조판서를 역임한 영호공永湖公 조엄趙曮, 그리고 1826년에 3간한 병술보丙戌譜는 영의정을 역임한

풍양조씨보각 전경(위)과 목판들(아래)

운석공雲石公 조인영趙寅永이 각각 경상도 관찰사로 재임할 때 경상감사가 주도하여 종중 차원에서 기금을 모아 경상감영에서 간행하였다.

신해 창간보판創刊譜板은 한때 상주시 화서면 하송리의 청계사가 1907년 일본군의 병화로 소실되자 경내에 보각을 세워 보관하였다. 다시 퇴락하여 경진년에 남장사 경내에 보각을 건축하여 신해와 경진 두 족보 판각을 비롯하여 병술년 삼중간 보판도 여기에서 보관해 왔다. 1924년(갑자) 봄에 지금의 위치로 이건하였으며, 1988년 경상북도 문화재자료 제208호로 지정되어 전면 보수하였다.

건물에는 조씨보각趙氏譜閣이라는 현판이 걸려 있다. 이 보각 안에 신해 창간판부터 병술 삼중간보까지의 목각판 934판(폐판목 260판을 포함한 총 934판)이 보관되어 있다. 이들 목판은 판각의 정교한 새김이나 족보의 체계로 볼 때, 당시 족보를 출간하는 기술적인 경향과 19세기 조선시대 판목 인쇄의 실재를 보여 주는 좋은 자료이다. 더욱이 1992년 후손 조택연이 시조인 시중공侍中公 조맹趙孟의 영정을 봉안하여 풍양조씨의 자손들에게는 더없이 소중한 건물이라고 할 수 있다.

2) 추원당(장천서원)

상주시 낙동면 양진당길 59-15에 있는 장천서원長川書院은 경상북도 기념물 제141호이다. 승곡리 추원당은 1759년(영조 35)에 건립되고, 1945년과 1975년에 중수하였다. 사림士林의 결정으로 2007년 12월 8일 추원당을 장천서원으로 명칭을 변경하였다. 양진당 마을 숲의 북동쪽에 자리한 장천서원은 외삼문인 숙정문,

장천서원 전경

강당, 내삼문, 묘우 경모사가 배치되어 있다. 담장 너머에 전사청이 자리하고 있다.

장천서원으로 명칭을 변경하기 이전의 추원당은 검간 조정을 모신 재사의 성격을 띠었지만, 장천서원으로 명칭을 변경하면서 묘우廟宇인 경모사景慕祠에 만은晩隱 조윤녕趙允寧, 검간黔澗 조정趙靖, 가규可畦 조익趙翊 세 분을 배향하여 서원으로서의 건물 형태를 갖추게 되었다. 강당은 한사철韓士喆이 낙동면 내곡리에 건립하여 사용하던 건물을 1918년 조남식趙南軾이 매입하여 이건해

경모사

장천서원 현판

사랑채로 사용하다가, 1952년 구 강당을 해체하고 현 위치로 이건하여 사용하는 건물로 전체적인 형태가 양호하다. 양식은 누마루 형식으로 막돌로 기단을 쌓고 돌을 사각으로 다듬어 밑기둥을 쓰고, 그 위에 둥근 나무기둥을 세워 건물을 지탱하게 했다. 이처럼 정사精舍에 주로 사용하는 고상식高床式 형태를 취하고 있다. 묘우인 경모사는 1742년 6대손인 조석규趙錫揆가 건립한 것인데, 야간 제향행사 때 관솔불을 밝히도록 설치해 놓은 정료석庭燎石이 있는 것이 특징이다.

3) 속수서원

경상북도 의성군 단밀면 주속길 116-6에 있는 속수서원涑水書院은 1509년(중종 4)에 지방 유림의 공의로 우재愚齋 손중돈孫仲暾의 생사당生祠堂으로 처음 건립되었다. 임진왜란으로 소실되었는데, 1656년에 재건한 후 경현사로 명칭을 고쳤다. 1703년 현재의 위치로 이전하여 속수서원이 되었다. 이때 퇴재退齋 신우申祐·우재愚齋 손중돈孫仲暾·개암開巖 김우굉金宇宏·검간黔澗 조정趙靖·가규可畦 조익趙翊의 학문과 덕행을 추모하여 위패를 모셨다. 선현 배향과 지방교육의 일익을 담당하여 오던 중, 대원군의 서원 철폐령으로 1871년에 훼철되었다. 그 뒤 1971년 속수서원의 명륜당을 복원하고, 1989년 경현사를 복원하였다.

경내의 건물은 정면 3칸, 측면 1칸의 맞배지붕인 경현사, 정면

4칸, 측면 2칸의 팔작지붕인 명륜당, 3칸의 솟을대문인 내삼문, 한 칸의 사주문으로 된 외삼문, 그리고 2005년에 새로이 신축한 3칸의 맞배집으로 지어진 재숙소齋宿所로 이루어져 있다.

묘우廟宇 숭절사(경현사)에는 퇴재 신우, 우재 손중돈, 개암 김우굉, 검간 조정, 가규 조익이 열향으로 모셔져 있다. 강당인 명륜당은 중앙의 마루와 양쪽 협실로 되어 있는데, 원내의 여러 행사 및 유림의 회합 등에 사용하고 있다. 전사청(재숙소)은 제물을 장만하여 보관하는 장소이다. 이 서원에서는 매년 3월 중해일中亥日에 향사를 지내고 있으며, 제품祭品은 4변籩 4두豆이다. 재산으로는 전답 5,000평 등이 있다.

4) 청간정

상주시 낙동면 운평2길 68에 있는 청간정聽澗亭은 1655년경 가곡柯谷 조예趙秇가 지은 정자로 경상북도 문화재자료 제558호이다. 정자 앞으로는 가뭄을 모르는 국사봉에서 흘러내리는 계곡물이 사철 흐르고, 동네 가까이 있으면서도 자리한 곳이 그윽하고 아늑하다. 정면에서 바라보면 토석 담장이 네모로 반듯하게 쌓여 있는 가운데에 일각문이 세워져 있고, 안에는 좁은 안마당 뒤편에 경사진 대지를 이용하여 세워진 아담한 정자가 있다. 누 아래의 기둥은 네모이고, 누 위의 기둥은 둥근 기둥이다. 이 기둥 중 하나가 싸리나무이고, 다른 하나가 칡뿌리라고 한다.

청간정(위)과 청간정 현판(아래 좌), 익암서당 현판(아래 우)

국사봉에서부터 내려오는 계곡물이 비록 계곡 원래의 모습을 잃고 많이 변형되었지만, 정자와 더불어 여전히 아름다운 경관을 이룬다. 정자에 남겨진 여러 기록들에서 당시 정자에 머물며 자연을 벗 삼아 학문을 닦던 학자들의 모습이 그려진다. 이 건물은 주로 후학을 위한 강학소로 사용되었으며, 영남의 저명한 유림들이 모여서 시회詩會를 열기도 하였다. 지금은 조예의 묘하재사로 이용되며, 익계益稧라는 수계소가 있다.

정자는 토석 담장을 두른 방형곽의 전면에 나 있는 일각문을 들어서면 좁은 안마당과 그 뒤편의 경사지에 앉아 있다. 건물의 평면 형태는 일자형이며, 규모는 정면 3칸, 측면 2칸 건물이다. 마루에는 미수眉叟 허목許穆이 쓴 편액(청간정, 익암서당)과 그 외 현판이 걸려 있다. 청간정을 지은 조예의 아들인 죽파 조원윤趙元胤, 용슬헌 조진윤趙振胤은 허목의 제자이며, 조예의 아우인 조균趙稛은 허목의 고향인 연천군수를 역임하였고, 허목의 아우인 허서許舒와 사돈을 맺었다. 익암서당은 조원윤이 동생 조진윤과 함께 건축하여 독서하는 장소로 삼았는데, 허목이 당호를 짓고 청간정聽澗亭과 익암서당益巖書堂, 조씨가숙趙氏家塾을 전서체로 현판을 써서 달게 하였다는 기록이 전한다. 익암서당은 없어지고 익암서당의 편액을 이곳에 걸었다. 그리고 최근에는 조씨가숙 4자가 발견되었다. 담장 바깥에는 500여 년 수령의 은행나무 두 그루와 인공으로 조성된 조그만 연못이 있다.

5) 용산정사

상주시 낙동면 양진당길 17-40에 있는 용산정사龍山精舍는 경상북도 문화재자료 438호이다. 용산정사는 일명 와연당臥淵堂으로 불리는데, 갑장산 구룡九龍의 한 줄기가 동으로 뻗은 곳에 위치한다. 용연정사는 갑장산 구룡의 한 줄기가 동으로 10여 리

용산정사

와연당 현판

를 달려와 결지된 장소라고 하여 붙인 이름이라고도 한다. 당호를 와연당으로 한 것은 대청마루에 누워서 집 앞 연못을 한가로이 감상할 수 있다는 뜻이다. 또 선인의 장지가 옛 설에 연꽃이 물에 거꾸로 비춰 있는 모양이라고 전해 온다. 이처럼 용과 연꽃이 모두 갖추어져 있으므로 『주역』의 재연在淵의 뜻으로, 연못에서 용이 승천하기 위하여 때를 기다린다는 의미라고도 한다.

양진당 서쪽의 산기슭에 있는 용산정사는 1849년에 검간 조정의 9대 주손인 위재危齋 조상덕趙相悳이 선조의 업을 잇고, 독서와 은거자적하려는 뜻에서 건립하였다. 양진당의 바깥채 3칸 건물은 마구간으로 사용하던 건물인데, 1848년의 대홍수로 피해를 입어 더 이상 사용하기 어렵게 되자, 이 건물을 철거한 후 사용 가능한 목재들을 다듬어 활용하고, 부족한 목재들을 추가하여 현 위치로 옮겨 지었다. 정사를 완공하고 난 후 문설미에다 용산정사라고 이름을 붙였는데, 그것은 그 산이 구룡산이기 때문에 그렇게 취한 것이다. 서쪽 문설미를 와연당이라고 한 것은 이곳이 본래 와臥 자가 들어가기 때문에 소리만 빌린 것이다. 그러나 그 의미는 남양의 와룡과 심양의 와룡과 낙수洛水의 와룡을 취한 것이라 한다.

이 건물의 구조는 정면 4칸, 측면 1칸 반의 팔작지붕이며, 반중층 누각 형식으로 주두와 주간柱間 사이에는 소로가 설치되어 있다. 민도리 양식이며 전면 반 칸은 툇간으로 구성되어 있으며, 난간대가 형성되어 있다. 19세기 이후의 섬세한 건축 형식이 잘

옥류정

계곡

나타나 있다. 경사지를 이용하여 세운 관계로 전면의 기둥이 2단으로 구성되었다. 가운데 2칸이 온돌방이며, 양쪽에 1칸씩 마루방이 시설되어 있어 영남 지방 다른 정사의 구조와는 다른 면이 있다.

6) 옥류정

상주시 낙동면 승곡1길 48-7에 있는 옥류정玉流亭은 19세기 말 풍양조씨 일가의 휴양지이다. 검간 조정의 살림집인 양진당이 있는 동네에서 상주 쪽으로 가다가 왼쪽 산속 계곡에 있다. 세심소洗心所라는 폭포가 앞에 있어 시원한 물소리와 아름다운 경관을 즐길 수 있다. 건물은 19세기 말에 조씨 일가의 휴양 겸 독서를 위해 지은 것으로 양진당의 사랑채 일부를 옮겨 놓은 것이라는 설도 있다.

옥류정의 구조는 4×2칸의 평면이지만 앞의 반 칸을 비워서 툇마루를 놓고 툇마루 양끝에 출입용 계단을 설치했으며 전면에는 계자 난간을 둘러서 누각 분위기를 만들었다. 건축 구조상 양진당과 관련이 있는 인근 건물, 즉 장천서원과 오작당처럼 누각 또는 2층집 구성을 따랐다. 이 같은 2층집 구조는 상주 지역 지배층이 살던 건물의 주요 특징이다.

원래 상주 사장사四長寺의 하나였던, 신라시대에 창건한 승장사勝長寺 터가 있던 곳으로 승장계곡의 승장폭포 아래에 자리하고 있다. 검간 조정이 15세부터 이곳 암자에서 아우 가규 조익과 함께 공부하여 학업이 크게 진취하였으며, 승장폭포의 장쾌한 광경에서 호연지기를 길러 심신 수련장을 삼은 유서 깊은 곳이다. 검간이 만년이었던 1620년경부터 터를 잡아 미투리에 지팡이를 짚고 수시로 오가며 소요음영逍遙吟詠한 곳이라 한다.

승장폭포는 상산삼악商山三嶽(석악石嶽 천봉산, 노악露嶽 노음산, 연악淵嶽 갑장산)의 명산인 갑장산 구룡연에서 발원한 물이 동쪽 장천으로 흐르며, 승장옥류폭勝長玉流瀑의 장관을 짓고 멀리 낙동강으로 드는 승장구곡의 명소이다. 이곳은 상주 4장사(갑장사, 승장사, 남장사, 북장사)의 하나였던 승장사勝長寺가 있었던 곳이다. 고려 충렬왕이 잠시 절에 머물며, 연악을 가리켜 영남의 으뜸 산(갑장산)이라고 감탄하였다는 설화가 있는 명소다. 갑장산 동쪽의 승장구곡은 갑장산 서쪽의 연악구곡과 더불어 상주의 대표적 명소이다.

이 뒤로 이곳을 오가던 후손들의 첨모하는 마음과 사림의 경앙하는 마음이 세대를 거듭할수록 점점 새로워져서 선생이 예업을 닦고 강독하며 청운의 꿈을 펼치던 바위에 후손과 사림에서 검간선생장구지소黔澗先生杖屨之所라고 크게 새기고, 1924년에는 승폭계勝瀑稧를 결성하여 경모하고 추모하는 갱장지소羹墻之所로 옥류정을 지으려고 승폭수계완의勝瀑修稧完議를 거쳐 건축비 마련에 착수하였다. 그 뒤 1932년 봄에 승장폭포의 한 명구에 옥류정을 세우려 하자, 도남단소에서 유림에 통문을 보내어 검간 선생의 학덕을 기리고 충성을 천양하는 일에 동참해 줄 것을 호소하였다. 정자가 완성됨에 건물의 전면 처마에 옥류정, 좌측방에 세심헌洗心軒, 우측방에 영귀실詠歸室이라 편액을 달았다.

100여 년을 이어 온 승폭계회勝瀑稧會는 승장의 폭포수가 구룡연에 근원을 두고 쉼없이 쏟아져 장천을 이루고 낙강을 보태어 끝내는 바다에 이르는 생명수가 되듯이, 산고수장山高水長의 검간 정신이 세세연년 사회를 밝히는 등불이 되기를 염원하여 뜻을 같이한 원근의 제현이 마련한 선현숭모의 아름다운 모임이라 할 수 있다.

제5장

가풍 전승의 노력

가풍 전승의
노력

1 자부심으로 문중을 이끌어 가는 풍양조씨 사람들

1) 자부심으로 문중을 이끌어 가는 풍양조씨 사람들

상주 지역에는 크고 작은 문중들이 있다. 현재 풍양조씨 장천파는 낙동면 승곡리에 위치한 양진당을 중심으로 크고 작은 문중 일을 함께하며 살아가고 있다. 물론 종손이 집을 지키지 않아 텅 빈 양진당이지만, 늘 그곳에 들러 집안을 둘러보고 살피는 문중 어른들 덕에 양진당의 모습이 쓸쓸하지만은 않다. 조정 종가에서는 조상에 대한 예절을 후대에 전하기 위해서 많은 노력을 기울이고 있다.

지금 우리는 홍동백서가 무엇인지, 컴퓨터로 검색하거나 관심을 가지고 찾아봐야 알 수 있다. 하지만 오늘까지 제사를 모시고 있는 풍양조씨 장천파 어른들에게 있어서 제사는 일상의 하나였다. 그냥 듣고 보고 배우는 거지. 제사 지내는 데 할아버지 도포 가지고 따라오고 그러니까 자연적으로 익혀지는 거지 몸에. 성장해서는 어른 분들이 자꾸 이야기를 하고 명절 때마다 제사 지내거나 이래 하면 자꾸 되풀이해서 말씀을 하고 유래나 전설, 제례법이나 이런 걸 이야기해 주니까 알게 되지. (조성학 인터뷰 자료)

하지만 모든 것들이 예전 그대로 진행되는 것은 아니다. 현재 살고 있는 후손들의 생활방식에 맞춰 조금씩 편의를 봐서 조정하고 바꾸기도 하면서 오늘날까지 이어져 왔다. 하지만 조상을 위하는 마음과 한 문중으로서의 자부심과 소속감은 변치 않았다고 한다.

원래는 하루 전에 와서 몇 십 명이 여기서 다 자는데, 뒷바라지하기도 힘들지, 또 잠자리도 예전하곤 틀리단 말이라. 오는 사람이 다 도시서 아파트 살고 에어컨 밑에 살다가 여 오면 덥지, 모기 뜯지, 그래 안 올라칸단 말이지. 그래 행사 시간 되면 맞차서 밤이 되면, 그것도 성의가 대단한 사람들이 그렇고, 안 그런 사람은 참석을 잘 안 하고. (조성학 인터뷰 자료)

제사를 준비하고, 제사를 지내고, 전통을 지키고 살아가는 데에는 분명 불편함이 있다. 하지만 그런 불편함보다 집안과 문중에 대한 자부심을 가지고 그것들을 지켜 가고 있다.

2) 문중 살림살이

풍양조씨 종택인 양진당에는 아무도 살지 않는다. 종손이 마을에서 나간 지가 100년 정도 되었다. 교육과 직업의 문제로 인해 종택을 떠났으며 현재 종손은 서울에 거주하고 있다. 문중의 큰 일은 문중에서 회장을 뽑아서 추진하고 처리한다. 회장의 임기는 2년으로 종중회의에서 추천을 받아 정한다. 회장을 뽑을 때 그해 실질적인 일을 할 유사들도 뽑게 된다. 풍양조씨 장천파는 네 개의 파로 구성이 되어 있으므로 파별로 각 1명씩 선출한다. 보통 회장의 임기와 같이 되는데, 형편에 따라 연임하여 3-4년씩 일을 보게 되는 경우도 있다. 유사들은 보통 여러 문중의 잔일을 처리하며, 가장 중요한 일은 큰 제사에 쓰일 제물을 준비하는 일이다.

문중의 큰 제사는 4월의 한식다례와 6월의 검간 조정 비위 불천위 제사, 8월의 검간 조정 불천위 제사, 9월의 묘사, 중구 다례 외에 명절 제사가 있다. 하지만 제사에 참여하는 사람들의 연령대가 높아지면서 준비가 힘들어지고, 각 집안의 제사가 문제가 되어 명절 제사는 불가피하게 줄이게 되었다.

3) 제사 후 문중회의

제사가 끝난 후 음복이 준비되는 사이, 제사에 참여했던 이들은 사랑에 모여 문중의 대소사와 관련된 일을 의논하거나 문중

문중회의

에서 진행되는 일을 보고한다. 이번에는 제사 진행에 있어서 홀기 문제가 거론되었다. 하나의 예를 들자면, 집례를 하는 과정에서 과거에는 필요했지만 현재에는 없어도 되는 과정이 많이 포함되었다는 의견을 제시하며, 현재에 맞게 조금 수정을 하자는 의견이 제시되었다. 그러자 전통이므로 그대로 지켜야 한다는 의견도 나와 약간의 논쟁이 있었다. 하지만 다수의 참석자들이 이 자리에서 결정할 문제가 아니라고 하여 정기 문중회의에서 투표를 통해 결정하기로 하였다.

또 다른 문제로 종부의 제사 참여 문제가 거론되었는데, 종부는 건강상의 문제로 몇 년째 제사에 참여하지 못하고 있다. 이를 문중 어른들이 걱정하여 몸 상태가 조금이라도 나아지면, 다음 제사 때부터라도 꼭 참석할 것을 종손에게 당부하기도 했다.

가풍 전승의
노력

2 종가의 가풍 계승을 위한 노력

검간 조정의 종가에서는 전통을 가진 후손교육을 꾸준히 진행해 오고 있다. 문중연수원, 장천서원 습의, 불천위 기제 참여, 묘제 참여 등을 통하여 다음 세대에게 가풍을 제대로 계승시키기 위해 노력하고 있다. 시대의 변화를 읽고 대응하는 바람직한 모습이다.

1) 문중 뿌리교육

풍양조씨 문중에서 제사 외에 이루어지는 행사 중, 큰 행사로 여겨지는 것이 문중 뿌리교육이다. 여름이 되면 양진당에서 실시

뿌리교육이 이루어지는 풍양조씨연수원

한다. 1984년에 시작하여 현재까지 이어져 오고 있다. 4박 5일간의 일정으로 이루어지며 풍양조씨 후손들이 그 대상이다. 인원은 40명으로 양진당에서 숙식을 하며 문중의 어른들로부터 문중과 선조들의 이야기를 들으며 자신의 뿌리에 대해 배우게 된다.

뿌리교육은 매년 8월에 양진당에서 진행된다. 이 행사의 진행은 풍양조씨 문중 인물로 구성된 풍양조씨 연수회가 주최한다. 교육 내용은 옛 선현의 생활과 문화, 보학, 상식, 생활예절교육, 문중 유적지 탐방 등의 프로그램으로 진행된다. 교육은 문중 내의 유명 인사나 문중의 역사를 많이 알고 있는 어른이 주로 하며, 외부 강사를 초빙하기도 한다. 이러한 행사를 진행함에 있어서 문중의 바깥어른들이 교육과 대외적인 행사를 담당한다면, 안어른들은 4박 5일의 행사 기간 동안 교육생의 뒷바라지를 담당한다. 상주 지역의 문중 안어른들이 살고 있는 구역별로 나누어 매일 식사를 준비하고, 정리 등을 돕는 것이다.

뿌리교육 행사는 문중의 젊은이들에게 많은 영향을 준다. 잘 알지 못했던 선조에 대해 알게 됨으로써 자부심과 풍양조씨 문중인으로서의 소속감을 느끼게 된다. 1984년 처음 뿌리교육에 참여했던 학생이 이제는 제관의 한 사람으로 불천위 제사에 참여하기도 한다.

2) 풍양조씨연수원

풍양조씨연수원은 지난날의 혁혁한 선조의 전통정신을 바탕으로 숭조崇祖, 경로敬老, 충효忠孝 사상과 시대적으로 잊혀져 가는 옛 예절과 뿌리교육을 실시하고자 하는 기치를 높이 들고 개원하였다.

풍양조씨연수원의 개원 목적은 숭조상문崇祖尚門하고 효우목인孝友睦姻하며 인애충의仁愛忠義하고 존현양사尊賢養士함의 문풍門風을 진작시킨 검간정신黔澗精神을 이어서, 옛것을 익히고 새것을 창출하여 만대의 미래를 열어 갈 후손들에게 풍양인豐壤人의 정신 함양장涵養場을 마련하는 데 있다.

1984년 7월 26일, 경북 상주시 낙동면 승곡리 소재 장천파 종중 검간종택 양진당養眞堂에서 개원하였다. 처음에는 풍양조씨 장천파 종중의 발의로 연수원이 태동되었으나, 현재는 풍양조씨 대종회豐壤趙氏大宗會에서 운영한다. 개원의 목적에 부합하는 연수를 위하여 처음에는 5일간 대학생을 대상으로 연수하였으나, 이후 참가 범위 역시 대학생, 중고생, 일반 청장년, 부녀층으로 확대되었다.

연수 장소는 낙동면 승곡리에 소재한 양진당이다. 연수 일정은 매년 8월 11일부터 15일까지(4박 5일)이다. 연수 내용은 풍양조씨 유래 및 시조 만들기, 보학과 족보 찾기 및 가첩 만들기, 예절교육, 계촌법과 호칭 및 생활예절, 제례와 제수, 인성교육, 유적지 순례, 일반상식 특강 및 체육활동 등이다.

여름방학을 이용하여 전국 각파에서 모인 대학생을 대상으로 각 4박 5일의 기간 동안 교육했는데, 제1·제2기생은 70여 명이 연수를 마쳤다. 이 사업은 영구적으로 계속될 것이며 참가 범위도 금년에 참여한 40여 명은 대학생, 고교생, 일반인들로 구성되었다. 이 가운데 대학생은 문중에서 지급하는 풍육장학금, 부사공 종중 장학금을 받는 장학생들로서 향후 문중을 이끌어 나가고 책임질 동량들을 키워내고 있다.

1984년 풍양조씨연수원이 개원할 때 처음으로 뿌리교육에 참여했던 학생이 이제는 불천위 제사에 참여하는 것을 보면 자부심과 문중인으로서의 소속감을 느끼게 해 주는 것 같아서 마음 든

든하고 선조의 교육, 육영의 유훈이 결코 틀리지 않았다는 것을 몸소 느끼기도 한다고 한다.

3) 장천서원 습의

문중의 청장년을 대상으로 매년 교육을 실시하고 있다. 다른 서원에서 시행하는 서원 스테이와는 달리 문중에서 청장년들을 대상으로 서원 문화에 대해 폭넓게 교육하고 다른 서원에서의 행동에 문제가 없도록 하는 교육이다. 풍속의 변화로 강학의 기능이 사라지고 제향의 기능만 남아 있는 서원 문화를 올바르게 이해시키고 가르쳐서 사라져 가는 전통제례를 지키려는 문중 차원의 노력이다. 다른 문중의 존장을 모시고 강학을 들으며 홀기에 따라 습의를 진행한다.

4) 불천위 기제 및 묘제 참여

5년 전부터 풍양조씨 장천파 청년회를 조직해서 제례에 자발적으로 참여하는 체제를 갖추려고 노력하고 있다. 경제활동으로 참여에 제한이 많지만 차츰 참여 폭이 확대되는 것은 고무적인 현상이다. 지역별로 분회를 두어 매월, 분기별로 참여하고 있다.

5) 종가 보전의 어려운 점

문: 불천위 제사를 위해서 어려운 점은 없습니까?

답: 예전에는 종가 주변에 하인들이 있어서 어렵지 않았는데, 종가 종손이 서울 가 살고 있으니, 제사는 가묘(불천위 사당)가 여기 있으니까 여기서 지내야 되는데, 동네에 있는 안어른들이 하루 전에 모두 나와서 종회장 지휘하에 제수를 장만하고, 그 이튿날 음복까지 전부 마치도록 하고 있어요. 그래 첫째 재원이 문제가 되는 거예요. 예전에는 위토가 많아서 위토세로 했지만 농경문화 사회가 쇠퇴하면서 농사짓는 사람이 점점 없어지니까 종토로는 운영이 안 되고, 그래서 그게 제일 어렵지요.

그리고 제수를 장만하는 어른들은 열두 분인가 고정되어 있어요. 그런데 지금 그분들 연세가 80 이상인데 제일 답답한 게 우리는 이걸(제사) 우리 고유의 문화라고 생각합니다. 후손들한테 온전하게 전수할 수 있는 기회가 마련되어야 하는데, 요새 60대 초반까지 경제생활을 하다 보니까 남아 있는 80대들이 이걸 언제까지 지속할 수 있느냐. 그게 제일 안타까워요. 제사 음식 하나라도 선조로부터 내려오는 고유의 음식을 장만해야 하는데, 우리는 편을 하더라도 우리 문중에서는 고유의 편이 한 가지 있는데 송기송편이 있고. 접빈할 때도 상을 차릴 때 수란은 꼭 올리고, 제주는 가양주로 소곡주를 쓰고, 음료는 식혜 종류인데 점주라고 찹쌀로 빚는 감주가 있어요. 그리고 우리는 아직까지 7첩 반상기로 접빈을 해서 아직까지 반가의 음식문화 상차림문화가 전수가 되고 있는데, 후손들한테 온전히 이 어른들이 물러나도 전수가 되겠나 그게 걱정이 됩니다.

그래서 나는 안어른들한테 당부를 합니다. "나는 욕심이 많은 사람입니다. 지금까지 봉사하시는 것만 해도 한없는 봉사를 하셨는데, 후손들한테 물려줄 수 있도록 두 분씩이라도 나오셔서 전수를 시켜 주시면 고맙겠습니다." 그렇게 안어른들한테 당부를 하고 사정을 합니다. 그래 어떤 분들은 허식이라 하지만 나는 우리의 고유의 문화라고 봐요. 일상생활에 접목하자는 게 아니고 단 특이한 행사에는 예전에 이러한 일이 있었다 이거를 전수해야 안 되겠나 이게 문화입니다. 나는 이 문화를 후손들한테 온전히 전수할 수 있는 계기를 만들었으면 다행스럽겠다 이런 생각입니다. (후손 조성학)

6) 종가의 지역사회 기여

문: 조정 종가는 어떻게 지역사회와 어울려 나갈 계획입니까?

답: 지역사회와의 공존은 현재 검간 조정의 종가뿐만 아니라 앞에 있는 오작당에서도 그런 체제가 되어 있거든요. 정부 지원도 되어 있고, 체험 시스템이 되어 있습니다. 근데 이 집은 국가문화재 보물이 되어 있어서 화재 위험성 때문에 숙박에 어려움이 많아요. 종가문화라는 게 은둔시켜서 볼 수 없지 않습니까. 개방을 시켜야 되는데, 지금 현재로서는 문중 자체 내에서 인재육성

을 통해서 문중과 지역에 종가문화를 알리기 위한 방안을 마련하는 단계거든요. 우리가 중점을 두는 것은 인재육성입니다. 그래서 지금 행하고 있는 이런 문화를 체계적으로 정리하여 사진, DVD, CD 등으로 제작하여 전 종인과 종가문화를 알고자 하는 지역민에게 확대 보급하여 후손에게 온전히 전수될 수 있도록 모든 절차를 정리 중인 단계입니다. 곧 결실이 있을 것이라 생각됩니다. (후손 조세희)

문: 아울러 현대의 삶과 종가문화가 공존할 수 있는 방안은?

답: 시속에 영합하다 보면 전통적인 예의범절과 의례는 사라지게 됩니다. 그래서 저희가 신경 쓰는 것은 시속에 영합은 하되 지금도 지켜오고 있는 우리 문중만의 가례 원뿌리는 가급적 훼손하지 말고 기록으로라도 남겨 언제든 예전의 것을 보고 참고할 수 있는 시스템을 만드는 것입니다. 그래서 좀 문중 부로들이 고생하시더라도 전통을 고수하는 이유는 온전하게 남아 있으면, 언젠가는 하나의 독보적인 문화가 된다는 것입니다. 다른 곳에 가서 다 변한 것을 보는 것보다 이 집에 와서 안 변한 걸 보게 되면 그게 남아 있는 문화유산이지 다른 게 뭐가 있겠습니까. 그래서 현재 문중에서는 이 자체만으로도 유지하는 이것, 시속에 영합하지 않고 이어가는 것만도 제가 생각하기에는 어른분들이 존경스럽지요. 지금까지 지켜 오신 것을. 저희들은 그렇게 교육받은 사람들이고, 지켜 나가야 되고. 지켜 나가다 보면 하나의

전통법으로 정립되는 거지요. 말 그대로 뿌리 종자가 그대로 내려가야지 변하면 별 의미가 없다고 봐요. (후손 조웅희)

이처럼 풍양조씨 검간종가 문중 사람들은 자부심을 가지고, 종가의 가풍 계승을 위한 노력에 적극적이다. 그들은 검간 선생이 임란 때 창의한 것이나 어린 두 아들을 망우당 곽재우 휘하에 보낸 일화를 들려주며, 나라를 사랑한 선조의 정신을 강조하였다. 또한 임진왜란 6년의 참상을 상세히 기록한 『조정 임진란 기록』은 검간 선조의 투철한 충의정신을 집약한 역사적 유물이라는 것도 상기시켜 주었다. 시대의 부침 속에서 종택이 온전히 보전될 수 없었지만, 종가를 지키며 조상의 뜻을 이어간 후손들의 실천은 문중 사람들에게 큰 자랑이다.

무엇보다 풍양조씨 검간종가 문중 사람들은 검간 선생의 충의정신을 계승한 후손들이 일제강점기 조명강습소를 운영하며 민족교육에 헌신하고, 독립운동에 적극 가담하여 구국활동을 펼치기도 하였던 것을 큰 자랑으로 여긴다. 비록 종가의 대를 잇지 못해 양자를 들일 수밖에 없었지만, 문중 사람들의 종가 보존에 대한 열망은 뜨거웠다. 일찍부터 문중 자제들의 뿌리교육과 예절교육에 관심을 기울여 풍양조씨연수원을 만들었고, 후손들이 문중의 일원으로서 긍지를 가지고 꿈을 키워 나갈 수 있도록 인재육성을 위한 장학사업을 꾸준히 이어 오고 있다. 또한 문중의 안어른들이 솔선수범하여 봉제사와 접빈객을 정성스럽게 치르는 모습은 변화하는 시대 흐름 속에서 전통을 지켜 내려는 종가 사람들의 귀감이 될 만하다.

풍양조씨 검간종가 문중 사람들은 검간 선생의 충효정신을 소중하게 생각하며, 학문과 덕행이 높았던 조상들에 대한 자긍심이 컸다. 그들은 앞으로도 검간종가의 전통 예법이 온전히 보존될 수 있도록 노력할 것을 다짐하였다. 특히 종택을 옛 모습대로 복원하고자 하는 숙원이 있다고 했다. 문중 사람들의 바람처럼 양진당의 옛 모습이 복원되고, 문중 차원의 인재육성을 통해 검간종가의 전통문화가 온전히 전수되기를 필자도 기대한다. 그리하여 경북 종가문화가 지닌 유형·무형의 자산이 더욱 가치를 발하기를 소망해 본다.

참고문헌

저서

김유경 외, 『상주의 문중인물과 제사 문화를 담다』, 민속원, 2012.

도남서원속지 발간위원회 편, 『道南書院續誌』, 2006.

상주박물관, 『검간 조정, 임진왜란을 이야기하다: 조용중 기증유물특별전』, 2009.

상주박물관, 『상산지 병오초책, 18세기 상주의 역사문화를 담다』, 2015.

영남대 민족문화연구소 편, 『黔澗 趙靖先生 壬亂日記』, 민족문화연구소 자료총서 3, 영남대출판부, 1983.

이보영 외, 『낙동강을 품은 상주문화』, 민속원, 2012.

이현종 역, 『趙靖先生文集』, 조정선생문집간행위원회, 1977.

조성해 외, 『(國譯) 豊城世稿』, 趙正熙, 2003.

조정, 『黔澗先生文集』, 大譜社, 2008.

풍양조씨대종회, 『豐壤趙氏世譜』 1–3, 2008.

논문

권태을, 「검간 조정의 한국문화사적 위상」, 『상주문화』 23, 상주문화원, 2013.

김강식, 「임진왜란과 상주의병」, 『상주문화연구』 22, 상주문화원, 2012.

김시훈, 『구미문화탐방: 인물유적지를 찾아서』, 디자인 내일, 2001.

김시황, 「검간黔澗 조정趙靖 선생의 생애와 사상」, 『東方漢文學』 16, 1999.

김영숙, 「검간黔澗 조정趙靖의 난중시亂中詩와 우국憂國, 창의정신倡義精神」, 『東方漢文學』 16, 1999.

김유희, 「검간 趙靖선생의 불천위 제사에 나타난 문중의식」, 『상주문화』 19, 상주문화원, 2009.

김종태, 「검간 조정의 진사일록 연구」, 성균관대 석사학위논문, 2010.

박영효, 「가규可畦 조익趙翊의 학문연원學問淵源과 시문학 세계」, 『東方漢文學』 16, 1999.

성교진, 「검간黔澗 조정趙靖, 가규可畦 조익趙翊의 사상과 문학」, 『東方漢文學』 16, 1999.

정진영, 「壬亂前後 尙州地方 士族의 動向」, 『民族文化論叢』 8, 영남대 민족문화연구소, 1987.

홍순민, 「黔澗 趙靖 先生의 生涯와 思想」, 『朝鮮後期 性理學의 發達(2)』, 韓國思想論文選集 176, 退溪學派의 發展(1), 불함문화사, 2001.

지은이

김강식 金康植

경상남도 김해에서 태어나 부산대학교 인문대학 사학과를 졸업하고, 같은 대학원에서 한국사를 전공하여 문학박사 학위를 받았다. 동명대학교 교양교육원 교수를 거쳐 현재 한국해양대학교 국제해양문제연구소 인문한국 교수로 재직 중이며, 부산시·김해시 시사편찬위원으로 활동하고 있다. 학문적 관심 분야는 임진왜란사, 조선정치사, 한일관계사 방면이다. 저서로는『임진왜란과 경상우도의 의병운동』,『임진왜란으로 본 문화교섭』,『문무를 갖춘 양반의 나라』,『임진왜란과 한일관계』(공저),『일기를 통해 본 양반들의 일상세계』(공저) 등이 있으며, 논문으로는「조선후기 임진왜란의 기억과 의미」,「임진왜란 시기 창녕 지역의 대응과 후대의 기억」,「16세기 남명학파의 의리 인식과 곽재우의 의병운동」등 다수가 있다.

경북의 종가문화 49

의와 충효로 이어 온,

상주 검간 조정 종가

찍은 날 2018년 11월 5일
펴낸 날 2018년 11월 12일

기획 경상북도 · 경북대학교 영남문화연구원
지은이 김강식
펴낸이 김상동
펴낸 곳 경북대학교출판부
출판등록 1973년 10월 10일 ㉶97호
주소 대구광역시 북구 대학로 80
전화 053-950-6741~3
팩스 053-953-4692
이메일 press@knu.ac.kr
홈페이지 http://knupress.com

ISBN 978-89-7180-501-5 94900
978-89-7180-498-8 (세트)

정가는 뒤표지에 있습니다. 파본은 바꾸어 드립니다.